JN085362

データを活用して
チームの業績を底上げする

セールス・イネーブルメントの教科書

徳田泰幸

Yasuyuki Tokuda

イースト・プレス

営業時代の 15 年で感じたこと

　私は新入社員のときから15年間、大手法人向け営業の畑で育ちました。入社当時「ソリューション営業」という言葉に憧れてこの世界に飛び込み、課題解決により顧客の皆様に感謝して頂く日々を15年間過ごせたことは今の私にとってとても大切な日々だったと思います。

　勿論、トラブルや故障なども多く経験してきましたし、「ソリューション」という感覚からは程遠いような、いわゆる「ベタベタ」な営業スタイルもかなり磨いてきました。顧客の皆様との信頼関係も厚くなり、担当変更のご挨拶の際には顧客幹部からも惜しまれるくらいのレベルになったとき、営業として大きな充実感を覚えた記憶があります。

　とある、営業に関するインタビューのなかでこのような質問がありました。
「あなたの営業としてのプロフェッショナル領域はどこですか?」
　正直、悩みました。武勇伝は色々と語れるものの、どこがポイントなのかを表現できない。いろいろなテクニックを駆使して、顧客と仲良くなって、顧客にささるような提案を考えて……と、どうしても月並みな表現になってしまいます。どうしたものか。
　自身の営業スキルを高めるために行ってきたことを振り返ったとき、1つの答えにたどり着きました。

「私は常日頃から、何が顧客評価に影響するのかを行動・言動レベルで細分化しています」

　今で言うＣＸ(＝カスタマーエクスペリエンス。顧客の体験のこと)の入門編なのでしょうか。顧客の期待に対して自分が出すアウトプットが、ギャップを生まないように、そして営業の成果に直結するようにするた

めの細かな行動・言動を見極める、ということです。

　基本的な例を挙げてみます。たとえば、調整困難な難題を顧客に依頼された際に「やってはみますけど、恐らくできないと思います」というニュアンスで答えるより「かなり難易度は高いですが、挑戦してみます」と答えると、その後の結果は同じでも営業としての印象は後者の方が高い。また、トラブルの際にはたとえ進捗がなくても頻繁に（いつもよりも頻度高く）コンタクトを取った方が、ずっとこの対応に集中してくれていることを顧客も認識してくれる。

　勿論、営業経験の長い方には当たり前な行動ではありますが、実はこういう行動・言動レベルの暗黙知は形式知化されているケースが少ない。細分化された行うべき行動・言動を適切なタイミングで営業が知ることができたら、企業の営業能力は高まるなと改めて感じたのが、このインタビューの時だったことを覚えています。

セールス・イネーブルメント推進で経験していた「しくじり」

　私が、これまでのイベントやセミナーでの講演の中で、よく口にしてきた言葉があります。

「今日は皆さんに、私が経験してきた『しくじり』をご紹介します」

　某テレビ番組に影響を受けているのかもしれませんが、本書を書くにあたって私が一番読者の皆様にお伝えしたいのは、セールス・イネーブルメントの推進で経験してきた「しくじり」です。

　まだ導入に踏み切れていない企業の皆様、導入しようとしても何をやればいいのか悩んでいらっしゃる企業の皆様に対して、先行して失敗してきた私自身の失敗や教訓、つまり「しくじり」をお話し、企業のセールス・イネーブルメント実戦の少しでも参考になればいいと感じたのが、本書執筆のきっかけでした。

完成形や理想形のみをお話しても、また欧米の先進事例だけを紹介しても、セールス・イネーブルメントは決して実現できないと私は考えます。

　セールス・イネーブルメントと一口に言っても、企業の特性を鑑みた適切な進め方がありますし、乗り越えていく必要のあるステップがあります。そうしたステップ、「何からやりはじめて、どんな体制で、何に気をつければよいか」を分かりやすくお伝えし、それをもとに皆様が、自身の企業内で何かを始めるきっかけづくりになればいいと感じています。

　そしてもう１つ、弊社が自社内で取り組んでいるセールス・イネーブルメントも同様に完成形ではありません。常に進化を狙い、常に失敗を繰り返しています。様々な企業の方や有識者の方と継続してセールス・イネーブルメントやマーケティングの文脈で意見交換を繰り返し、よりよい戦略に磨き上げるために、今なお「もがき続けて」います。

　まだまだ成長したいし、皆様とともに成長していきたい。

　法人営業や法人マーケティングに従事されている多くの方々とこれからも議論を重ね、日本のセールス・イネーブルメントの底上げに寄与できればと感じています。そして様々な企業の皆様のセールス・イネーブルメントが成長していく過程で、本書でご紹介する「しくじり」をどこか読者の企業のナレッジの一部として昇華していただくことができれば、大変嬉しく思います。

2023年4月

徳田泰幸

第2部 セールス・イネーブルメント導入の壁と処方箋

第3部 セールス・イネーブルメントの実装手段

第4部 目指すべき営業スタイル

EXPERT INTERVIEW3

TORiX 株式会社　高橋浩一

EXPERT INTERVIEW4

EY ストラテジー・アンド・コンサルティング株式会社　千葉友範

第1部

セールス・イネーブルメント
とは何か

この部で学ぶこと
☐ セールス・イネーブルメントの 定義を知る
☐ セールス・イネーブルメントが 注目される背景を知る
☐ セールス・イネーブルメントの 日本における導入事例を知る
☐ 導入・実行に欠かせない5つの エッセンスを知る

セールス・イネーブルメントとは？

○ 多様なセールス・イネーブルメントの定義

2020年代に入り、ビジネスシーンで耳にすることが増えた「セールス・イネーブルメント」という言葉ですが、そもそも具体的に何を指すのか困惑している方もいるかもしれません。

無理もありません。私自身、これまで実践してきて**「セールス・イネーブルメント」という言葉は様々な意味を含んでおり、定義が定まっていない**と感じることがあるのです。

国内外問わず、多くの企業が積極的に取り入れているセールス・イネーブルメントの理解について、例を右にいくつか示してみます。

たった5社だけの例でも、「人材育成」「強化メソッド」「ツール」「コンテンツ」と、実に多様な定義が並んでいます。その結果、「営業成果を上げるために取り入れてみたいけれども、そもそもセールス・イネーブルメントとは何だろう？」と頭をひねっている方もいらっしゃるかもしれません。

このなかのどれが正解で、どれが誤りということではありません。それほど多くの理解、そして可能性がセールス・イネーブルメントにはあるのです。

株式会社 R-Square & Company 山下貴宏氏
成果を出せる営業社員を継続的に排出し続けるための人材育成の仕組み、もっと要約すると「成果起点の営業人材育成」

株式会社ナレッジワーク 麻野耕司氏
営業部門に所属する一人ひとりが、成果を出せるようになるための強化メソッド

SATORI 株式会社
営業活動において継続的に成果を挙げていくことを目的とした、営業組織の強化・改善のための総括的な取り組みです

Oracle Corporation
セールス・イネーブルメントとは、営業チームがよりスマートに、より多く販売できるようにするための、一連のツールやコンテンツのことです

Microsoft Corporation
セールス・イネーブルメントは、適切な購入者に的を絞ってエンゲージメントを高める際に必要な、ツール、コンテンツ、資料を、販売担当者に提供するプロセスであり、受注の増加と加速を促進します

出典：SATORI「【図解】セールス・イネーブルメントとは？事例で具体的な営業最適化を学ぼう」(https://satori.marketing/marketing-blog/what-is-salesenablement/) Microsoft「セールス・イネーブルメントとは」(https://dynamics.microsoft.com/ja-jp/sales/sales-enablement/) ORACLE「セールス・イネーブルメントとは」(https://www.oracle.com/jp/cx/sales/sales-enablement/、いずれも 2023 年 4 月 12 日時点)より引用

○ データの利活用と統合的な戦略に特徴

　それでは私の、つまり本書でのセールス・イネーブルメントの定義とは何でしょうか。それは、営業成果の向上を主目的として、データを利活用し、一つの戦略の下で営業における育成・ツール・システムを有機的に連携させながら改革し続ける試み、です。営業成果の向上が主目的という部分は明確ですが、他はわかりにくいと思うので解説しましょう。

　特に重要なポイントは 2 つ。「データの利活用」と「一つの戦略の下で有機的に行う」点です。

　昨今のセールス・イネーブルメントとは、DX をベースにした組織能

力向上の施策とも言い換えることができます。データをうまく活用することはセールス・イネーブルメントにおいて欠かせない前提なのです。

> **DX：**
> Digital Transformation の略で、企業が、ビッグデータとデジタル技術を活用して、製品やビジネスモデルを変革し、さらには組織の改善を図ること。

　売り上げや施策の成果が上がっているかどうかは、最終的にはデータで確かめなければいけません。逆に、問題点の抽出も、データがあってはじめて行えることです。

　実は、DXは最初のセールス・イネーブルメントには必ずしも含まれていない概念でした。しかし私は、セールス・イネーブルメントを進めるためにはデータの利活用＝セールスDXの推進は欠かせないと考えています。

セールス・イネーブルメントとセールス DX の関係

> 営業成果の向上を主目的として、「データを利活用し」、「1 つの戦略の下で」、営業における育成・ツール・システムを有機的に連携させながら改革し続けていく営み

セールス・イネーブルメント
　　　　　＝

むずい！
（日本は特に）

セールス DX（データ可視化・データ利活用）をベースにした成果直結を重視する一連の組織能力向上施策（スキル・ノウハウ）

　セールス・イネーブルメントのもう 1 つの重要な特徴は、**一連の施策をバラバラにではなく、一つの戦略の下に連携させながら行う点**にあります。そこには当然、人材育成も入りますが、それだけではなく、コーチングやデジタルマーケティングが入ることもあります。

　そのような施策を、チームごと、部署ごとに行ってきた組織は少なく

ないでしょう。しかし、それらは統合する必要があります。組織のあり方にも影響を与えるのがセールス・イネーブルメントなのです。

○ データをとることへの抵抗が壁になる

　日本企業におけるセールス・イネーブルメントの導入の進展には、バラつきがあるようです。外資系企業や国内のスタートアップ企業は比較的取り入れている会社も多いのですが、伝統的な大企業では、興味を示しても取り入れることには躊躇するケースも多い印象を持っています。

　またSMBにも興味を持つ企業が多く存在するも、どのように人的リソースを充てて、どのように実行していくべきか悩んでいることがあります。

> **SMB：**
> Small and Medium-sized Business の略称で、中小企業を指す。最新（2016年）の経済産業省の統計では、日本企業全体の99・7％がSMBとされている。

　本書においても重要な点なので先に記しておきますが、その理由は「**営業の属人性**」にあると考えています。

　日本企業では、伝統的に「営業」という行為を属人的にとらえる傾向があります。彫刻師や絵師のような職人芸をイメージしていただければわかりやすいでしょうか。

　たとえば、データを活用するためには、日報のように営業の記録を残さなければいけません。まずはデータを蓄積する必要があるからです。しかし、そういった入力を渋る社員が多いのです。特に、営業において**優秀な成績を残す社員ほど、自分のノウハウをデータとして提供することを好まない**傾向があります。

　それは日本独特の「カルチャー」の問題だととらえていますが、その**独特のカルチャーこそが、セールス・イネーブルメントの導入にあたっ**

て壁になることが多いのです。

　セールスDXの実現が様々な職種で叫ばれているにもかかわらず、その推進が特に遅れがちな理由もここにあります。

　欧米では、データの入力自体がインセンティブとなりますが、日本ではそういったカルチャーがありません。

　第1部のCHAPTER 3「NTTコミュニケーションズにおける導入と運用」（→27ページ）で後ほど詳しく記しますが、弊社（NTTコミュニケーションズ株式会社）も例外ではありませんでした。データ収集はセールス・イネーブルメントの根幹ですので、この壁は乗り越える必要がありました。

　もちろん、「営業のデータ」＝人力で入力するデータ、とは限りません。たとえばオウンドメディアのアクセスログやサービスの利用状況等、自動で収集できるデータも少なくありません。そういったデータもしっかりと利活用するのがポイントです。

> **オウンドメディア：**
> 企業が自社で保有するメディアのことを指す。一般的には、自社のウェブサイトやブログ等を対象として使われるケースが多いが、広義ではパンフレットや広報誌等も分類される。

CHAPTER 2

セールス・
イネーブルメントは
なぜ注目されている？

　日本にCHAPTER 1で述べたようなカルチャーがあるにもかかわらず、セールス・イネーブルメントが注目されていることには、大きく分けて2つの理由があります。

○ ニーズの多様化

セールス・イネーブルメントが必要とされる2つの背景

ビジネス的背景	技術的背景
1. 顧客ニーズの多様化により、自社の提供価値・営業方法も複雑化してきている。 2. 属人的な営業スタイルから脱却し、ナレッジマネジメントを通してより高い生産性を望む企業が多くなる。	3. 技術革新（SFA）によりこれまで取得できなかった営業活動データがデジタルで取得可能になった。 4. さらにMA等デジタルマーケティングの成長によりデジタルタッチ／リアルタッチの一元的な顧客管理が可能になった。

5. 取得可能なデータを統合・利活用した
新たな営業組織能力向上施策に注力をする必然性が生まれる。

　1つは、ビジネスをめぐる状況の変化です。顧客からのニーズが多様化した結果、**提供すべき価値や営業の方法が複雑化している**のです。今までの営業方法が通用しなくなる一方で、突然、それまで成果を挙げら

れなかった営業方法や人が結果を出しはじめたりしています。この変化
は、どの業種でも起こっていることです。

　理由として、顧客からのニーズが多様化すると、従来の売れ筋以外の
商材や、最新技術・ソリューションを提案する機会が多く発生します。
すると、顧客へのアプローチの仕方にも変化が生まれたり、新たな商品
知識が必要になったりするため、自分の領分の外のノウハウや知識がな
い営業は、成果をあげることが厳しくなってくるのです。

　近年よく目にする「モノ売りからコト売りへ」といった言葉も、同じ
現象を指しているように思います。売り方がシンプルではなくなり、価
値を売るようになると、やはり統合的な戦略が求められます。どういっ
た営業のどういった売り方が効果を発揮したのかを、データを基に精緻
につかまなければいけません。

　すると結果、属人的な「職人芸」的手法からの脱却が求められるよう
になります。ノウハウを組織的にシェアし、可視化した上で共有しなけ
ればいけません。それが、セールス・イネーブルメントへの需要につな
がっているのでしょう。

○ データ蓄積手段の広がり

　セールス・イネーブルメントが注目されるようになったもう１つの背
景は、技術的なものです。データを蓄積する手段が広がっているのです。
　まず、SFA（セールス・フォース・オートメーション）等が一般化し、
営業のデータを可視化して取得できるようになりました。また、MA
（マーケティング・オートメーション）で顧客管理ができるようになり、
顧客がデジタルで、あるいはリアルで、どのように動いているかを精緻
に把握できるようになりました。

　なお、SFAとMAはセールス・イネーブルメントを進める上で大変重
要なシステムです。第３部のCHAPTER 2「エッセンス１：データ蓄積」
で再度、実装の方法を含め解説します。

SFA：
Sales Force Automation の略称で、営業活動支援システムを指す。営業担当の活動管理や商談の進捗管理、受注状況等のマネジメントに活用するとともに、営業プロセスを推進するワークフロー等、営業活動に必要なプログラムのアドオンも行える。

MA：
Marketing Automation の略称で、見込み顧客の管理システムを指す。Web サイトやメール施策等、顧客の行動や興味関心をモニタリングし、ニーズに合致したマーケティング施策を行うための支援システムを指す。ターゲッティングメールの配信やオウンドメディアの運営等に活用する。

　たとえば、誰がいつどのクライアントを訪問したか、今、どんな商談が動いていて、それぞれの確度と受注見込みはいつごろなのか、そういったことがSFAやMAにはデータ化されています。すると、確度と金額から売り上げもより正確に予想できるようになります。こういったパイプライン管理のような手法は今や主流になっています。

　このように、取得できるデータが飛躍的に増えたこともセールス・イネーブルメントの広がりの背景にあります。これらの手段は、**営業を可視化したデータを入れる、いわば「箱」**です。箱のなかに貴重なデータがたくさん溜まっているのだから、寝かせておくのはもったいない。そんな考えがセールス・イネーブルメントにつながっています。

　実は、セールス・イネーブルメントという言葉そのものは2010年代には存在したのですが、ここ数年、急速に広まったのは上記の背景、すなわち**①ビジネス環境の変化と、②データ蓄積技術の広がりが同時に起こったため**、ということです。

　2010年代半ばまでは「データの利活用」といっても、ピンとこない企業が多かったように思います。しかし今や、データが会社の資産であることは火を見るよりも明らかになっています。

○ 個別最適化から統合された施策へ

　ただし、単にたくさんのデータを集めればセールス・イネーブルメントが行えるわけではありません。**統合的・領域横断的に活用することも、非常に重要な点**です。

統合的された組織能力向上施策へ

それぞれで個別最適
されたサイロ型施策

トレーニング	システム改善	営業戦略

人事・育成データ	生産性データ	収益データ受注データ

育成領域　システム領域　戦術領域

ローパフォーマンス

あらゆるデータを基に
統合化された施策展開へ

トレーニング	システム改善	営業戦略

セールス・イネーブルメント

人事・育成データ	生産性データ	収益データ受注データ

育成領域　システム領域　戦術領域

ハイパフォーマンス

　そもそもデータを利活用しようとすると、サイロ型に個別最適化しがちです。つまり、業務プロセスや業務アプリケーション、各種システムが孤立し、情報が連携されていない。他の領域（部門）とデータの行き来がなく、その領域だけで完結するケースが多いのです。

　人事のデータを利用してトレーニングを行うとか、受注データを基に営業戦略を改善しようといった動きはありますが、図のローパフォーマンスのように、これらはデータの利活用が自領域に限定されている点に注意してください。データがサイロの壁を越えていないのです。

　これらのデータを**領域別にするのではなく、１つに集約し利活用していく**のが、セールス・イネーブルメントのもっとも基本的な考え方です。

すると、異なる領域間のデータ同士の相関分析等により、新しい課題が見えてきます。

たとえば営業のトレーニングを行う場合、資格の取得状況やキャリア等人事・育成データだけを使うのではなく、自社の生産性に左右されるようなシステムの稼働データや、収益や受注等の営業関連のデータも利用することで、より成果を挙げる。そのようなスタンスは、セールス・イネーブルメントに不可欠です。

もちろん、一言に「**統合的なデータの利活用**」といっても、簡単なことではありません。弊社には膨大なデータがありますが、それらすべてをどのように活かすかについては、まだまだ試行錯誤を重ねている最中である部分もありますし、まだまだ成長過程ともいえます。

そういう意味では、これまで実践してきた弊社の方法論は、これからセールス・イネーブルメントを実践される読者にとって参考にしていただける部分が多いのではと感じておりますし、本書の価値と感じてもらえたら、と考えています。

Applied Learning

日本企業の営業生産性が低い理由

　セールス・イネーブルメントの価値を理解するためには、日本固有の事情を踏まえる必要もあると考えています。

　Mckinsey & Companyが2021年に公開し、話題になったレポート「日本の営業生産性はなぜ低いのか」では、日本企業の営業生産性の低さの根本にある要因を7つに分けて分析しています。

マッキンゼーによる、営業生産性が低くなる7つの要因

1．組織全体の調和と協調を志向するがゆえの不明瞭な責任分担

2．「お客様第一主義」文化に起因した非効率性

3．顧客との取引関係が固定化することによる、
　　新規成長領域へのリソース振り向け不足

4．前線営業マンが直接の顧客対応以外に時間をかけ過ぎていること

5．ITシステムの過剰なカスタマイズとデジタル化の遅れ

6．「ベンチマーク」を嫌う企業での、
　　営業経費削減の「相対評価」による負のインセンティブ構造

7．子会社・海外拠点へのガバナンス不足による経費削減の遅れ

出典：McKinsey & Company「日本の営業生産性はなぜ低いのか」2021年（https://www.mckinsey.com/jp/~/media/mckinsey/locations/asia/japan/our%20insights/why%20is%20japan%20sales%20productivity%20so%20low%20japanese.pdf, 2023年4月12日時点）より引用

　その分析を私なりに解釈し、日本におけるセールス・イネーブルメントの意義を考察してみましょう。

　まず「『お客様第一主義』文化に起因した非効率性」とあります。これは、クライアントを最優先することによって、相手企業の都合で確度が頻繁に変化してしまい、パイプラインマネジメントに積極的になりづらい様子を指しています。要するに、お客様に振り回され、計画を立てづらいどんぶり勘定になりがちだということです。

　「顧客との取引関係が固定化する」とは、つまるところ、営業が行きやすいところばかりに行きがちだということです。すると、収益拡大がまったく見込めないクライアントのところを過度に訪問したりします。しかしモニタリングができていないと、濃密な営業を展開しているように見えてしまったりもするでしょう。するとなかなか新規開拓はできません。

　「前線営業マンが直接の顧客対応以外に時間をかけ過ぎていること」も、日本のカルチャーでは特徴的な面です。よくあるのが、営業資料が共有されておらず、個々人がいちいちゼロから作っているようなケース。ナレッジマネジメントに強く関係します。たしかにサイロ型の企業では陥りがちな罠であるといえるでしょう。本来、必要のない社内作業が増えてしまい、肝心の顧客対応に割くべきリソースがそがれてしまうのです。

　ではこういった課題を乗り越えるためにDX化を進めれば万事がうまくいくかというと、そうではありません。「ITシステムの過剰なカスタマイズとデジタル化の遅れ」とあるように、システムの個別領域への最適化が行きすぎると、全体としてデジタル化はむしろ遅れるリスクがあります。

　たとえばひとつのある部署が、とある顧客の管理システムを導入したとします。しかしその後、どんどん独自のカスタマイズを重ねていくとシステムが複雑化し、他のシステムへの乗り換えが難しくなってしまいます。

　日本企業への先進的なシステムの導入が遅れた一因は、ここにあると私は考えています。あまりにも独自性が高すぎるシステムに依存した状況ができあがってしまったため、誰も全貌を把握できておらず、そこか

ら抜け出せなくなっているのです。

「うんうん」と、思いあたる方も多いのではないでしょうか？　いずれも、日本企業が陥りがちな落とし穴です。

NTTコミュニケーションズ における導入と運用

● セールス・イネーブルメント導入前の NTT コミュニケーションズ

　ここまでの解説で、企業におけるセールス・イネーブルメントの必要性や、その定義を何となく理解していただけたかと思います。しかし具体的にどうやって推進すればいいのか？　まだイメージのわかない方も多いのではないでしょうか。

　そこでここからは、日本企業のセールス・イネーブルメント導入の一事例として、弊社でのケースを解説します。

2017 年当時の事業環境

30,000 社の法人顧客に対し、新たな収益創造のための ソリューション提案を行う新規開拓営業組織

ターゲット顧客数
30,000社

 営業人員
300名
（+ 販社 380 名）

 ミッション
新規開拓

 平均年齢
47.5歳

 商材
多種多様

弊社の特徴は、セールス・イネーブルメントに取り組みはじめた2017年当時でもおよそ３万社あったターゲット顧客数の多さでした。しかし、それに対して、営業人員は300名。販売会社のスタッフ380名を加えても700名足らずです。顧客数に対して営業人員が明らかに足りておらず、十分に目が行き届いていない顧客も多い状況でした。

　もうひとつの特徴は、47.5歳という平均年齢の高さです。当時は、営業の８割が40代以上でした。すなわち、**「昔ながら行っている自身の得意な営業スタイル」を重んじる人が多かった**のです。

　しかしその一方で、ビジネス環境の変化の波は弊社にも押し寄せていました。

　かつては電話やデータセンターといったおなじみの商材を扱っていたわけですが、IoTやセキュリティ、今でいうメタバース等の最新のものを扱うようになる、その過渡期に当時はありました。また、営業チャネルも伝統的なB2BからB2B2Xモデルへと変わりつつありました。

　すると、従来の商材なら問題なく扱えていた営業パーソンも当然、売り方に苦しむようになる。私がセールス・イネーブルメントに着手したのはそのような時期でした。

> **B2B ／ B2B2X：**
> B2B とは、Business-to-Business の略称で、企業間の商取引、企業が企業向けに行う事業のことを指す。さらにそこから、X（消費者や企業等のエンドユーザー）を開拓するために行う事業を、B2B2X という。

○ 評価モデルの複雑化

　このとき問題になったことの１つが、営業へのスキル評価の方法でした。

　当時の営業へのスキル評価は、「できる／できない」の単一軸に基づくものでした。「できる」とされた営業は「万能の神」のように営業におけるすべての活動ができるかの如く英雄視され、一方でそうでない営

業は、どのプロセスにおいてもできないと判断されていました。

従来の営業能力強化

営業が数字を伸ばすためにどのようになるべきか
決められた単一視点での施策検討
（"優れた営業＝万能の神"という妄想）

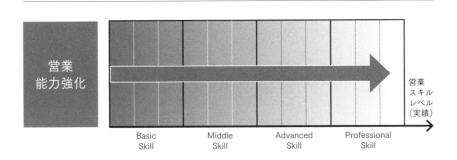

営業
能力強化

営業
スキル
レベル
（実績）

Basic　　　Middle　　　Advanced　　　Professional
Skill　　　 Skill　　　　Skill　　　　　Skill

　しかし、**ビジネスをめぐる環境が複雑化すると、営業への評価も複雑化しなければいけません。**「あれはできるけれど、これはできない」ということが出てこなければ不自然なのです。スキル軸の複雑化が求められていました。

　さらに、複雑化と並び、評価のフェーズを長期化する必要がありました。年単位の長い案件もある以上、ファーストコンタクトが得意な営業もいれば、クロージングに強い営業もいるはずです。

　私がそのとき思い描いたのが、スキルの３Dモデルでした。

　単線的な「できない→できる」だけの評価軸ではなく、**①習熟度、②案件上のどのフェーズに位置するか、③営業スタイルの違い**、を軸とした立体的なモデルです。

複雑化したスキル評価軸は立方体が集積した３Ｄモデルで示される

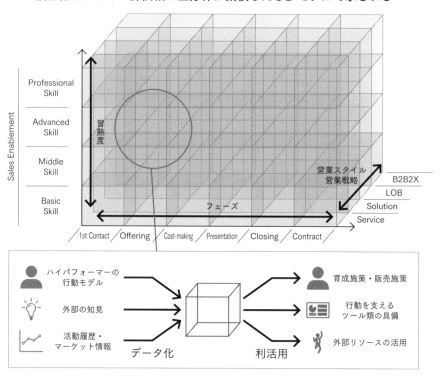

　この立方体モデルは、小さな立方体の集合であると考えられます。ハイパフォーマーの行動モデルやフェーズごとに必要になる知見、活動履歴等をSFA等で可視化・データ化し、育成策や支援策につなげる。そのためには、上述の３Ｄモデルを構成する個々の立方体をよく分析し、その上で全体を統括した取り組みが必要であることが明らかでした。これが、セールス・イネーブルメントを導入する直接の動機になりました。

　もっとも、このようなことを突然思いついたわけではありません。私自身、法人営業を15年間続けてきたなかで、営業で求められるノウハウの一つひとつにメソッドがあることは感じていました。たとえば**「こういう場合にはこういう言い方をしたらうまくいく／いかない」といった具体的なメソッド**です。
　ハイパフォーマーは「できる営業」とか「すごいヤツ」の一言で片づ

けられがちでしたが、**行動を細かく分析していけば、個々の行動は真似られるのではないか**という確信があったのです。

　手前味噌ではありますが、私も営業時代に、優秀な営業に与えられる「プロフェッショナル人材」の社内認定をいただくことができました。当時がむしゃらに営業をしていた自分が立ち止まる良い機会でした。「自分はなぜ認定されたのか」を考えるようになり、自分のこれまでの経験値を細分化して共有できれば、組織全体の底上げに貢献できるのではないかと感じるようになりました。そういった私個人の経験が、セールス・イネーブルメントへと向かわせる伏線でもありました。

　さらに、2017年当時の組織長がセールス・イネーブルメントに積極的な姿勢を見せてくれたことも大きな後押しとなりました。個人の経験則や職人芸的なやり方から脱却し、再現性のある科学的手法を導入しようとする雰囲気は醸成されつつあったのです。

　そんな折、当時株式会社セールスフォース・ドットコムにいらした山下貴宏さん（現・株式会社R-Square & Company代表取締役CEO）のお話を伺う機会があり、私はそこでセールス・イネーブルメントを知りました。そして、弊社での試みがはじまったのです。

　当時の私は事業企画部門に所属していたのですが、当然、事業企画部門だけでは統合的な施策はとれません。したがって、営業フロント部門や営業推進部門からも人員を集め、ITツールを使ったバーチャルなものではありましたが、はじめに10名弱の組織を作りました。

　まず手を付けたのが、**人材育成**です。ハイパフォーマーへインタビューをして、どのフェーズでどういう動きをしているのかを分析したり、受注に至る流れを振り返って決め手を探したり。受注につながった提案書を見直したりもしました。弊社にないノウハウは外部の力を借りたりしながら、徐々に知見を集めていきました。

● Data.Camp によるデータ収集

　ただし上記の通り、手法の大半はアナログなものでした。また、人数

が少ないこともありますが、育成手段もアナログでした。育成に重きを置き、手法はアナログ寄りというのが当時の特徴です。

　しかし私はやがて、この方法に限界を感じるようになっていきます。先述の３Ｄモデル内の立方体には、もっとたくさんのデータがあるはずだと思うようになっていたのです。さらに、データを１か所に集めて分析をし、マーケティングやプランニングにより役立たせるような機能があれば良いんじゃないか。

　そこで2019年に我々は、さらにデータドリブンな方法の実現のために、「Data.Camp」という組織を作りました。

Data.Camp とは？

営業にかかわるあらゆるデータを蓄積・分析し、「データドリブン」に「１つの戦略」の下でセールス高度化を目指すセールスイネーブラー機能

Data.Camp の Goal

商談・プロセスが複雑化している現在の営業活動に「蓄積データ」を分析・利活用し、自らの DX を推進していくことで、商談創出と受注拡大につなげるプロセスを確立していく

Planning　戦略立案
Marketing　価値創造
Analyzing　課題抽出
Collecting

受注データ / VOC データ / 業界情報トレンド / 収益データ / 営業活動データ / 顧客経営データ / ISR コールデータ / 受注確度 / VOE データ / キーパーソンデータ / 競合企業データ / アクセスログ / 営業商談データ / 営業スキルデータ / 提案素材 / セミナー集客データ / 利用状況データ / 外部知見

SFA
ERP
Marketing Tool
DMP
MA/ABM
Owned Media

データを

・「C」ollecting（集める）
・「A」nalyzing（分析する）
・「M」arketing（マーケティングを実行する）
・「P」lanning（戦略を立てる）

するということで、その頭文字をとったものです。

そして同時に、やるべきことのフレームとして「9dots」というものを設定しました。

"9dots" Framework と呼ばれる枠組み

Science of Selling

左下がいわば出発点のデータ集めであり、右上がゴールであるカスタマーサクセスです。そして、時計回りと反時計回りの2ルートでセール

ス・イネーブルメントを行う、というのが当時のコンセプトでした。**時計回りはナレッジマネジメント、反時計回りはデータ分析に重きを置いたルート**です。

　このフレームワークを実現するために、12名からなるチームを作りました。

2019 年度　Data.Camp の体制

12名の専属チームを構築し、各主要メンバーを兼務にして推進
様々な知見を結集させた戦略コクピット機能を創設

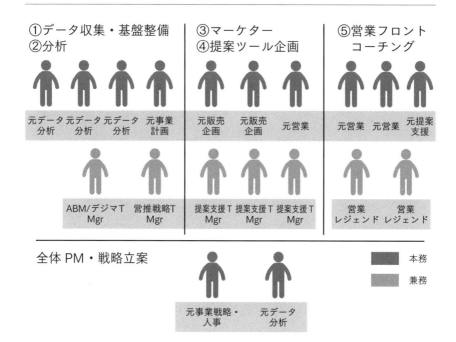

　チームとしてのData.Campには３つの特徴がありました。

　まず、見ての通り本務メンバーに**バラバラの経歴の持ち主を集めた**ことです。データ分析をしていたメンバー、事業計画をしていたメンバー、営業支援畑出身者……と、多様なバックグラウンドを持つメンバーを１つのチームにまとめました。もちろん、営業フロントだった人間もいま

す。統合的な施策を行うセールス・イネーブルメントのためには人材の多様性は欠かせませんが、日本企業では珍しいチームになりました。

まったく違う出自を持つため、会話がかみ合わないことも多々ありましたが、セールス・イネーブルメントを進めるためには必要なことだったと考えています。データ分析畑の人だけ、営業フロントの人だけ、では非専門分野について筋違いの分析をするリスクがあります。それよりは、**異なる知見が融合することによる化学変化を狙った**のです。

第2の特色は、兼務ではありましたが、営業に必要な各機能チームの**マネージャークラスの人間も多く取り入れた**ことです。そうすることで、**社内の認知や市民権を得ようという狙い**がありました。

「**営業レジェンド**」と呼ばれる人たちに入ってもらったのも、似た理由です。昔ながらの方法で成果を挙げてきた人や、人情系のやり方を得意とするいぶし銀の営業パーソンを組織に取り入れることで、説得力を持たせる。

「これからはデータドリブンなやり方なんだな」という空気を社内に醸成したかったのです。もちろん、彼らのノウハウを蓄積したかったという理由もあるのですが。

つまりある意味では、彼らを**社内におけるセールス・イネーブルメントのインフルエンサーに位置付けた**のです。彼らが兼務だったのも、組織により人を巻き込むための工夫でもありました。

後ほど詳しく述べますが、組織内にセールス・イネーブルメントを推進するためのカルチャーを作ることは、極めて重要なことです。

そして2020年前後に組織改編があり、Data.Campはさらに大きな組織になりました。その後も拡大を続け、今に至ります。

Applied Learning

デジタルマーケティングをセールス・イネーブルメントに含む理由

　営業のフェーズにおいては、デジタルマーケティングはもっとも最初の段階に位置します。ですから、「デジタルマーケティングの後にセールス・イネーブルメントをやる」という認識の方も多いのですが、私は一体化しているととらえています。

　存在を認知してもらうことは、長い営業フェーズのなかで最初のフェーズに相当しますが、デジタルが担うこともあれば、アナログが担うこともあります。たとえばウェビナーによる認知はデジタルですが、実際に営業が足を運んで提案する場合もあります。後者は当然、アナログです。

　ところが近年、このフェーズにおけるデジタルの存在感がどんどん増しています。商品選びから購入まで、デジタルだけで完結してしまう場合も少なくないでしょう。要するに、デジタルマーケティングが担う領域が急激に拡大しているのです。

　ということは、もしデジタルマーケティングをセールス・イネーブルメントに含めないならば、セールス・イネーブルメントの領域が縮小することになってしまいます。それはおかしいのではないか、というのが私の考えです。セールス・イネーブルメントの統合性が失われかねません。

　さらに、セールスそのものがデジタルのみで完結するのが当たり前の時代は遠くないとも考えています。したがって、もしデジタルマーケティングをセールス・イネーブルメントに含めないと、セールス全体のパフォーマンスが弱体化してしまうことも危惧しています。

　つまり、デジタルで完結するようなセールスに対して、将来的にも確実に成果が挙げられるように、デジタルマーケティングをセールス・イネーブルメントに含めているのです。

ミッションの内容

さて、我々の今のミッションを軽く紹介しましょう。

現在我々は、およそ3,500名の法人営業に対し、次の図にあるような機能を提供しています。

現在の私たちのミッション

3,500名の法人営業にSales Enablerとして機能具備バリューを提供（実施すること）

戦略策定	デジタルマーケティング	プロポーザルセンタ	生産性向上現
☑ マーケティング企画 －顧客別アプローチ －B2B2X 共創ビジネス ☑ カスタマーサクセス ☑ データ流通活性化 ☑ VOC（CX）	☑ デジタルタッチ推進 ☑ オウンドメディア運営 ☑ ウェビナー企画（OPEN HUB webiner） ☑ インサイドセールス ☑ リードナーチャリング	☑ ナレッジマネジメント ☑ 広告・宣伝戦略と連携した提案シナリオ ☑ 提案書フレーム作成	☑ SFDC／MA ☑ インサイトの提供 －Sales.lab －匠システム ☑ 提案コンテンツのリコメンド

① ABM ② Customer Success ③ Sales Enablement

Selling in New Normal
セールス高度化の推進に向けた3つの柱（実現したいこと）

どういったお客様のニーズがあるのかや、業界の社会課題を考えて企画をし、戦略策定を行います。具体的には「お客様はこういう課題にお困りの可能性が高いのでこういう提案を持っていってください」「業界課題に対する解決方法をターゲッティングメールでお伝えした上で、興味のありそうなお客様に実際に訪問やデモの機会を作っていきましょ

う」といったことです。

さらに、「サービス利用中のユーザーがこういう課題に直面しているときには、このような改善提案をする」というカスタマーサクセスのシナリオを作り、営業フロントに伝えています。顧客の声等現状分析も行います。

先ほど触れたデジタルマーケティングでは、ウェビナーやターゲッティングメールのデータ、さらにはインサイドセールスの詳細なデータも私たちは持っているため、それらを営業に提供します。

さらにナレッジマネジメントを行いながら、提案書や動画コンテンツといった資材（営業用資料）を用意するといったことも行います。セールスDXの追求も行い、SFAの活用やデータ連携、各種ツール類を用意します。

以上の内容を一連の流れとして実行し、最終的に営業の能力を向上させる。そのように後押しをするのが我々のミッションです。

最後に、参考までに、具体的な体制についても触れておきます。我々は上記のミッションを5つのチームによって実行しています。

マーケティング施策の戦略企画・カスタマーサクセス・シナリオ策定・プロポーザルセンター機能を担う01チーム。オウンドメディア・オフィシャルサイトとプロモーションにより母集団拡大を狙う02チーム。03チームも母集団拡大に近いですが、ターゲッティングメールやインサイドセールス等を担当します。

04チームは各種データの相関分析や拡張分析によりセールスDXを推進します。いわば戦略コクピット機能でしょうか。05チームはSFAや名刺管理等の顧客アカウントに関するシステムの運営を担います。

01 ♦♦♦♦ Scenario Planning& Knowledge Management（9名）
リアル×デジタルによるマーケティング施策の戦略企画・推進、
カスタマーサクセスシナリオ策定
プロポーザルセンター機能
（提案コンテンツ作成、ナレッジマネジメント、提案フレーム集）

02 ♦♦♦♦ Media & Promotion（7名）
オウンドメディア「OPEN HUB」運営、オフィシャルサイト運営
大手企業向けのプロモーション業務

03 ♦♦♦♦ Digital Communication（9名＋OP10名）
ターゲティングメール・コール・ウェビナー等による
マーケティング各施策実行
リードマネジメント、インサイドセールス（ISR）

04 ♦♦♦♦ Sales DX & Data Analytics（10名）
先進的SalesDXの推進、リアル／デジタルを融合させた
セールスの高度化推進
多くのシステムを活用した相関分析・拡張分析による
セールスの戦略コクピット機能の推進

05 ♦♦♦♦ Sales System Operation（6名）
SFA、名刺管理、顧客アカウントシステム等
セールス関連システムの運営
セールスプロセスにおける電子帳票化の推進）

セールス・
イネーブルメントの
基本エッセンス

○ セールス・イネーブルメントを支える
５＋１のコンポーネント

　さて、ここまで弊社の試みをご紹介してきました。具体的な例を取り上げることで、なかなか理解が難しいセールス・イネーブルメントのイメージをつかんでいただくためです。

　とはいえ、読者の皆様が置かれた状況は多様であるはずです。ここからは、いよいよセールス・イネーブルメントに取り組むための流れをお伝えしていきます。

セールス・イネーブルメントを実行するための基本エッセンス

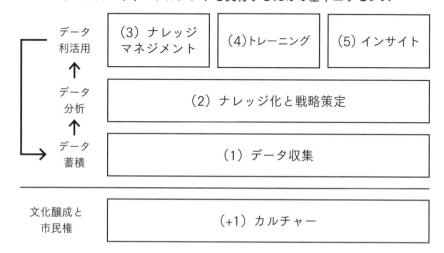

　セールス・イネーブルメントを実行するためのエッセンスは、5＋1＝6つあります。なぜ「5＋1」なのかというと、左図の下部にある**「カルチャー」を醸成することを少し特別に位置付けている**からです。

　特にインセンティブもなしに社内で市民権を得るためには、セールス・イネーブルメントに肯定的なカルチャーの要請が欠かせません。これが土台となり、(1)〜(5)のエッセンスが循環してセールス・イネーブルメントは進んでいきます。

　さて、まずは(1)のデータ収集です。これこそがセールス・イネーブルメントの根幹であることは言うまでもありません。それを基にして(2)ナレッジ化と戦略策定を行い、(3)(4)(5)はそれぞれの形で利活用をしていく段階です。

　重要なのは、図にあるように、**データ蓄積→データ分析→データ利活用というサイクルを回し続ける**ことです。循環させなければいけません。

○ エッセンス1：定量的／定性的データを集める

　データ収集では、材料として、次ページの図にあるような定量的／定性的なデータを集めていきます。

　あなたの企業内にはどれほどのデータが眠っているでしょうか。まず、**定量的なデータ**から見ていきましょう。

　営業活動データは取得している組織が多いと思いますが、たとえばSFAを未導入の組織でしたら、蓄積していないかもしれません。また、収益データをとっていない組織はないと思いますが、どの程度細かくとっているかは差があるでしょう。一例ですが、商材同士の組み合わせ別の収益が取れるようであれば、その後の「勝ちパターン」創出に役に立つでしょう。

　顧客データも基本的な情報ですが、顧客組織内のキーパーソンデータまではとっていない組織も多いかもしれません。クライアントの個々人にまで目を配っているかどうかで、やはりデータとしての充実度は変

エッセンス１：データ収集

企業内に眠る様々な素材（定量的な／定性的なデータ）を施策実行に活用

定量
営業活動データ
- 活動ログ
- 商談データ
  （確度・フェーズ等）
- 受注データ
- システム活用度

定量
顧客データ
- 顧客企業データ
- 顧客取引データ
- キーパーソンデータ
- バイセルデータ
- VOC データ

定量
サービス利用データ
- サービス利用量
- サービス契約情報
  （更新日、利益率等）

定量
収益データ
- 収益データ
- 商材別収益データ
- 利益データ

定量
デジマデータ
- メディア閲覧データ
- Webinar ／イベント
  データ
- ターゲッティング
  メールデータ

定性
スキルデータ
- 人事データ
- 研修素材
- ハイパフォーマー
  スキルデータ
- 営業モデル
  （BANTC／Shipley等）

定性
提案素材データ
- 汎用提案書
- 優良事例
- 用語解説

定性
外形データ
- 人事情報
- 業界情報
- 企業の外部データ
- ニュースリリース

わってきます。VOCも貴重なデータです。

VOC：
Voice of customer の略称で、顧客の意見や見方のことを指す。アンケートに対する回答や、メール等の直接寄せられた意見だけではなく、どのような検索ワードで自社のコンテンツにたどり着いたか等を調査・蓄積することも VOC にあたる。

デジタルマーケティングデータでは、先述したメディアの閲覧データを蓄積していきます。誰がどのページをどのくらい見ているのか、どのウェビナーに参加しているか、ターゲッティングメールを確認しているのか。また、ターゲッティングメールで、複数パターンを作成してランダムにクライアントに表示し、それぞれの成果を比較するA／Bテストを実施しているなら、その結果も貴重になるでしょう。

それから、サービス利用データも重要です。これは文字の通り、サービスの利用量や契約情報を指しています。

ここまでは主に定量的なデータですが、**定性的なデータ**も重要です。

外形データは、人事情報、業界情報、顧客企業のデータ等を指します。たとえば、客先のニュースリリース等もデータとして取り込めるでしょう。

スキルデータも定性的なものです。人事データや研修の素材もコンテンツとしてアップデートする必要があるので、ハイパフォーマーのスキルデータや営業モデルも蓄積しなければいけません。

最後に提案素材をデータとして蓄積しておくことも大切です。汎用化された提案書、優良事例はもちろんのこと、用語解説等も、しっかりと集めたいものです。

このようにざっと眺めると、意外なデータはないのではないでしょうか。いずれも、どの企業でもとれそうなデータではあります。

しかし、**「とれそう」と「とった」には大きな差**があります。そして、その差がセールス・イネーブルメントの成功を左右します。お手元に、

どのようなデータがあり、どのようなデータが不足しているのかを、今一度チェックしてみてください。

また、**データを収集する仕組みが備わっているか**どうかもセールス・イネーブルメントを実現するにあたって非常に重要です。

システマチックに収集できる仕組みがあるか。データがしっかりと連携できるようなシステム構成になっているか。また、先述の「サイロ」型のように、それぞれが独立してデータが交わらず相関分析ができない状況になっていないか。自社のなかをまずは確認してみましょう。

○ エッセンス２：データをナレッジに「調理」する

エッセンス２：ナレッジ化と戦略策定

1. 成形	2. 可視化	3. ストラテジー
蓄積されたデータを利用可能な状態に成形する	迅速な打ち手の準備を行うための各種モニタリングが可能な状態にし、状態を分析する	シチュエーション別のベストプラクティスを開発する
<考えられる例> ・システム間データの突合 ・利用データの整理 ・データマートの作成 ・ハイパフォーマースキルのデータベース化 ・提案素材のマスキング・汎用化	<考えられる例> ・BIツールによるダッシュボード ・KPIの策定 ・成功事例の抽出	<考えられる例> ・施策戦術の検討 ・提案シナリオの開発 ・営業プロセスの見直し ・リソースの検討

エッセンス１で集めたデータは、そのままでは使えません。料理にたとえると**素材**です。ニンジンやジャガイモ、タマネギをいくら集めてもカレーにはならないように、「**料理**」が必要です。その料理に相当するのがエッセンス２のナレッジ化、そして戦略策定です。

ナレッジ化と戦略策定のフェーズには大きく分けて３つの段階があり

ます。

まずは**成形**です。必要なデータだけを取り出し、比較対照して整合性を確認し、小規模にデータベース化する。「データマート」（→125ページ）とも呼ばれますが、目的に応じた、使いやすいコンパクトなデータベース等を作るのもこの段階です。また、ハイパフォーマーのスキル等の定性的なデータをデータベース化したり、提案素材をある程度汎用化したりといった作業もあります。つまり、利活用するための最初のステップです。

再び料理にたとえると、水で洗ったり、食べやすい大きさに切ったりといった**下ごしらえ**に相当するでしょうか。このフェーズをおろそかにすると、とんでもないものが完成してしまうリスクがあります。

また、材料となるデータの成形には**サイロ化を防ぐ**意味もあります。集めたデータをそのまま使おうとすると、結果的にサイロの壁を越えられず、限定された活用にしかつながりません。繰り返しになりますが、データ成形は重要です。

次は、成形したデータを**可視化**し、モニタリングと分析が可能な状況に置きます。具体的には、誰もがアクセスできるダッシュボードを作ったり、KPI（重要業績評価指標）を策定したりします。適切なKPIを設定することも極めて大切な作業です。

> **KPI：**
> Key Performance Indicator の略称で、組織の目標を達成するための重要な業績評価の指標を意味する。目標値から達成状況を定点観測することで、目標達成に向けた組織のパフォーマンスの動向を把握できるようになる。

ナレッジ化の最終工程は**ストラテジー**、つまり施策戦術を練る段階です。より具体的なシチュエーションに即したデータ成形を行う工程であり、データを利活用するための最後の準備といえるでしょう。

データのナレッジ化には、かなり専門的なスキルが必要です。専門職を用意することもナレッジ化に含めて良いかもしれません。

○ エッセンス3：ナレッジを流通させる

エッセンス3：ナレッジマネジメント

均一的な質を担保した提案素材（マテリアル）の提供・
ナレッジが流通する仕組み作り

マテリアル例
・提案書
・業界レポート
・オウンドメディア記事
・Webinar コンテンツ
・顧客カルテ
　　↓
ナレッジマネジメントシステムの展開

　戦略が定まったら、いよいよデータ利活用の段階に入ります。エッセンス2の段階で調理されたナレッジを、営業が使いやすいマテリアル（提案素材）に落とし込んでいき、ナレッジが流通する仕組みを作成していきます。個々人のスキルに左右されるような属人的なものではなく、どんなレベルの営業でも活用できるマテリアルを提供していくことが目標です。

　代表例が提案書の共有ですが、それだけではありません。営業が知識を身に着けるための業界レポートやオウンドメディアの記事、ウェビナーのコンテンツ等、営業に必要な情報全体のコンテンツマネジメントを行うことです。ここでいうコンテンツにはリアルの営業だけではなくデジタルによるプリセールスも含まれるため、デジタルマーケティングとの連動要素も入ってきます。

○ エッセンス４：トレーニング

エッセンス４：トレーニング

成果に直結するようなトレーニングコンテンツへの昇華
「実用的な」「実戦的な」育成を意識

トレーニング例
・Vision Selling
・競合他社に打ち勝つためのゴースティング
・アイスブレイク、雑談力
・事例共有会

　２つ目のデータ利活用は、**トレーニング**です。エッセンス２の段階で営業のデータを多角的に分析したものを、具体的なトレーニングのコンテンツに加工するのです。

　たとえば足りないスキルを身に着けるための研修、基本的なところではアイスブレイクの力をつけること等、具体的で効果に直結するトレーニングコンテンツへと昇華させます。

　トレーニングは評価が難しいものでもあります。私自身、成功事例の共有会等多くのトレーニングコンテンツを手掛けてきましたが、それが成果に結びついたかどうかを把握するのが簡単ではないのです。

　そのようなフィードバックの精度を上げることにも、セールス・イネーブルメントは貢献するでしょう。

○ エッセンス５：ネクストアクションにつながるインサイト

エッセンス５：インサイト

現場の質向上や経営にかかわるネクストアクションの示唆

インサイト例

・分析レポート
・戦略策定支援
・コーチング、アドバイザー

データ利活用の最後は**インサイト**です。営業に対して「こうした方がいいよ」と具体的なアドバイスやティーチングを行い、ネクストアクションにつなげます。

これはエッセンス４のトレーニングに含まれる研修等とは異なり、随時、その場で与えられるものです。営業が、リアルタイムでインサイトを得られるシステムを用意しておくということです。

以上がセールス・イネーブルメントを実行するための基本エッセンスです。

念のため補足しておきますが、**本書をお読みの皆様は、必ずしもこのやり方を踏襲しなければいけないわけではありません**。冒頭に記したように、セールス・イネーブルメントの定義には幅広い面がありますし、組織や企業の置かれている環境によって異なります。むしろ、その組織や置かれた環境に応じてカスタムすることこそ重要である、ともいえるでしょう。

セールス・イネーブルメントはあくまで手段であり、目的ではありません。ですから、「セールス・イネーブルメントのあり方」に拘泥してしまっては本末転倒です。

他でもない私たちも、より良いセールス・イネーブルメントの形を求めて試行錯誤している最中です。日本に質の高いセールス・イネーブル

メントを定着させる、その長い旅をご一緒していただければ光栄です。

○ セールス・イネーブルメントに市民権を！

エッセンス＋１：カルチャー

セールス DX に基づき推進するイネーブルメントの市民権を確保する

セールス・イネーブルメントの
文化醸成の推進に必要な３層のアクション

経営層	セールス・イネーブルメント及びセールス DX への理解。これまでの営業体質からの変革に対し、経営層自らが推進し、エンドースしてくれるような味方作り。
管理層	マネジメントの高度化がセットで必要。セールス DX を追求しても現場マネジメントがアナログだと、データ流通が停滞し、利活用が進まない。
営業フロント	営業データの自動取得は限界があるため、営業フロントが自発的にデータ投入をしてくれるような雰囲気作りが必要。

さて最後に、１つ大切なことが残っています。何度か触れてきた**カルチャー醸成**です。「セールス・イネーブルメントなんて役に立つんだろうか」「データを入れる必要なんてあるのか」といった空気が流れないように、セールス・イネーブルメントへの理解を組織的に共有しなければいけません。

カルチャー醸成のための働きかけは、**対象となる層によって異なります**。

経営層に対しては、**セールス・イネーブルメントやDXへの理解を得る**ことが肝になるでしょう。彼らは従来からの手法のなかで上ってきた人びとですから、ある意味で自分たちのやってきたことを否定するセールス・イネーブルメントに抵抗を示すことは少なくありません。

しかし味方にすれば、セールス・イネーブルメントを推進する強力な原動力にもなってくれるでしょう。**経営層を巻き込むことは必須**であると考えます。

　管理層に対しては、**マネジメントの高度化**をセットで求める必要があります。いくらDXを進めようとしても、現場を直接管理するこの層がレガシーな手法やシステムにとどまっていては、組織は変わりません。彼らが、彼らの下にいる営業フロントに対して「セールス・イネーブルメントをやろう」と言ってくれるようにならなければ、事態は進まないでしょう。

　そして営業フロントですが、彼らは貴重なデータをもたらしてくれる存在でもあります。しかし、データの完全自動取得が難しい以上、データ集積には彼らの協力が欠かせないのです。したがって、**「データを入力しよう」と思ってもらえるカルチャー**が醸成できないと、そもそもセールス・イネーブルメントがはじまりません。

　私がしつこくカルチャーの話を繰り返すのは、セールス・イネーブルメントへの抵抗がそれほど大きいためです。セールス・イネーブルメントのノウハウは少しずつ広がってきているのですが、実際に組織に浸透させて実行するためには、この**カルチャーがなければ単なる理想論に終わってしまいます**。組織としてのモチベーションが生まれないためです。

　いずれにしても、前述の３つの層を取り込まなければ、セールス・イネーブルメントはうまくいきません。これは、私の経験に発するリアルな感想です。

　セールス・イネーブルメントには間違いなく効果があり、取り組む価値がある。その信念を共有することが、私のいうカルチャー醸成です。

Summary

✓ セールス・イネーブルメントとは、営業成果の向上のためにデータを利活用し、1つの戦略の下で育成・ツール・システムを連携させながら改革し続ける試み

✓ セールス・イネーブルメントはニーズの多様化、データ利活用のためのシステム普及に伴い、広がっている

✓ セールスに関する様々なデータの蓄積にはじまり、分析・利活用に至る一連の動きがセールス・イネーブルメント

✓ セールス・イネーブルメントを定着させるためには、経営層までを巻き込む、カルチャーの変革が不可欠

第 2 部

セールス・イネーブルメント
導入の壁と処方箋

この部で学ぶこと
☐ セールス・イネーブルメントを 　日本で推進する難しさの理由を知る
☐ セールス DX の特異性を知る
☐ データ利活用の4つの壁を知る
☐ ナレッジとデータの関係性を知る

セールス・
イネーブルメントが
浸透しない理由

○ なかなかうまくいかないセールス・イネーブルメント

　冒頭から冷や水を浴びせるようなお話ですが、日本の組織にセールス・イネーブルメントを実装するのは簡単ではありません。それはずっと取り組んできた当事者としての私が強く感じていることでもあります。

　この第2部では、その理由と対策をお伝えします。もちろん本書ではセールス・イネーブルメントの利点や効果も広く解説していますが、実際に導入・運用するに当たっての障壁を先にお伝えした方が、本としての「実用性」も増すだろうと考えるためです。

　セールス・イネーブルメントは時として、施策／打ち手の方にフォーカスされやすいですが、企業や組織に潜む壁を理解しているか否かで、実装後の期待効果は大きな差が出るものと確信しています。

　さて、まずは改めてセールス・イネーブルメントの定義を振り返ってみましょう。第1部で少し詳しい解説をしましたが、改めてセールス・イネーブルメントを一言で表現すると次のようになります。

セールス・イネーブルメントとは？

営業成果の向上を主目的として、「データを利活用し」、「1つの戦略の下で」、営業における育成・ツール・システムを有機的に連携させながら改革し続けていく営み

セールス・イネーブルメント　　むずい！（日本は特に）
＝
セールスDX（データ可視化・データ利活用）をベースにした
成果直結を重視する一連の組織能力向上施策（スキル・ノウハウ）

　何のことはありません。セールスDXをベースとした営業能力向上の施策ということになります。

　ところが、日本企業では**このセールスDXの導入が特に難しい**。セールス・イネーブルメントを導入しようとしても、そのベースとなるセールスDXの浸透が不十分であることに気が付かず、つまづいてしまうケースが多く見受けられます。

○ セールス DX の推進が難しい２つの理由

　どうしてセールスDXの導入はうまく進まないのか。大きく分けて2つの理由をこれから説明していきます。

セールス DX の推進が難しい理由

・一般的な DX のようにはデータ利活用が進まない
・現場での「役に立った」という実感が少ない

　うまくいかない理由の１つは、**データを利活用するカルチャーが発展しない**ことです。

　「データ」というと仰々しいですが、１枚の提案書も貴重なデータに他なりません。データは社内のあちこちにあふれているはずです。

ところが、それらを貴重な資源だと認識し、利用する空気がない。また、貴重なデータであると認識していたとしても使い方がわからない。その結果、漠然とした雰囲気や気分に基づいて施策を決めたり、根拠のないまま研修を行ったりする組織が非常に多いのです。

　とはいえ私も、当初はデータの重要性をしっかり理解していたとはいえません。しかし、いざデータを集めはじめると、そのことによってはじめて可視化される事実の多さに気付きました。

　それはたとえば「この商材は受注するための商談期間が妙に長いな」といったシンプルな事実なのですが、データがなければ気付きにくいものでした。

　理由の２つ目は、**DXが「役に立った」という感想を現場が持ちづらい点**にあります。

　もちろん、DXの重要性はあちこちで叫ばれています。しかし、ことセールスDXに関しては、その推進が特に難しいという印象を持っています。セールスDXを進めるためには現場の協力が欠かせないのですが、その現場のモチベーションが上がりづらいのです。

　この２つの理由に共通する点として、**セールスDX推進は人間の行動心理や習性とのかかわりが極めて強い**ことが挙げられます。データを利活用しセールスDXを推進するにしても、そこには必ず人の手が介在しなければならない。そうすると、アナログな印象が残ってしまうため着手しにくく、なかなか推進ができなくなるのです。

○ 一般的な DX の流れ

ここで、セールスDXと一般的なDXとの違いを見てみましょう。

セールス DX と一般的な DX の違い

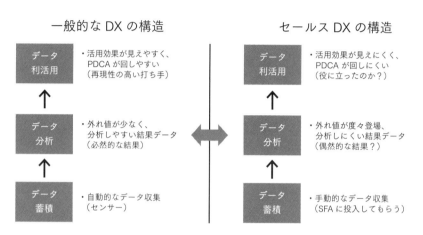

上の図は、いずれも下からデータの蓄積→分析→利活用というDXの流れを示しています。この流れはセールスDXでも変わりません。

一般的なDXは、次のように進みます。たとえば化学メーカーが素材Aと素材Bを組み合わせて製品Cを作ろうとしているとしましょう。すると、センサーが自動的に、工場の温度、素材AとBの量や濃度といった製品の仕上がりに関係する変数のデータをとり、もっとも質の高い製品ができる「最適な組み合わせ」を導き出します。

それまでは職人の勘や経験に頼っていた変数の調整をデータに基づいて行うことで、もっとも質の高い商品を、機械学習によって人の手を介さずに作れるというわけです。

DXの恩恵を受けられるのはモノづくりに限られません。たとえば自動車事故を減らしたいならば、ドライブレコーダーの映像を大量に集めてAIによる画像・動画分析にかければ、事故が起きやすい交差点の形状や速度、衝突のパターン等が導き出せます。すると、ドライバーがど

ういう行動をとれば事故を減らせるかをデータに基づき示せます。

　こういった一般的なDXは、いずれも、

・**データ収集が自動で行える**（センサー、ドライブレコーダー等）
・**データの外れ値が少ない**（科学・物理的なデータであるため）
・**データ利活用のメリットが明らか**（製品の質の向上、事故の低減等）

　という特徴があります。要するに、機械が自動的に収集してくれて集
まったデータは、分析しやすく、効果もはっきりとわかるというわけで
す。比較的推進しやすい領域といえます。

○ セールス DX の特異性

　ところが、セールスDXではそうはいきません。

　まずデータ収集について。他分野のDXのように自動的に収集できる
データもありますが、**セールスの多くは人間がやる行為ですから、人間
からデータを集めなければいけません**。すると、アナログな手法で集め
なければいけないケースが多くなります。

　具体的にはSFAへの入力等ですが、「誰と会った」「こういうことをし
た」といった情報を人力で書き込まなければいけません。すると、**個々
人の癖が入力にも反映されるため、バイアスがかかります**。バイアスを
減らすための施策も後ほど説明しますが、それでもゼロにはできません。
人は機械ではないからです。

　こうして集まったデータには、外れ値が非常に多いのも特徴です。「5
回訪問しただけで1億円の商談が成立した」というような偶然の要素が
強いケースがありえるためです。

　もっとも、明らかに偶然（外れ値）とわかるならば除外することもで
きるのですが、上述のように入力しているのが人間である以上、実は外
れ値ではない可能性もあります。

　たとえば、お客様の元へ「5回訪問」と入力していた場合、本当に5回で受注できるようなベストな営業活動が実施できていたことも考えられるし、実は20回以上訪問していたけれども、入力が面倒で営業活動を5回しかSFAに入れていなかった……ということもありえるでしょう。外れ値が多く、しかもそれらが本当に外れ値かどうかわからないという非常に困った事態になります。

　さらに、何とかデータを集めて分析し、現場に施策として還元したとしても、その効果が見えづらいのです。

　まず、この分析自体も人の手を介するため、アナログな手法しか使えません。すると「製品の質が上がった」「事故が減った」というように、定量的で明確な結果が出づらい。あるいは定量的な結果が出たとしても、功を奏したのはどの施策なのかがわからない。つまり、セールスDXが役に立っているという実感を得にくいのです。

　すると現場のデータ収集へのモチベーションが落ち、データの精度が下がり……という悪循環に陥ってしまいます。

　しかし、裏を返せば、難しいからこそ、実行している組織とそうでない組織との差がつくともいえます。ここは重要な点なので、もう少し詳しく見ていきましょう。

Applied Learning

外れ値の実例

　扱いが難しい問題の１つが、先述の外れ値の存在です。実際のデータを確認しながら、理解を深めていきましょう。次の図をご覧ください。

分散が大きくトレンドを見出すのが難しい

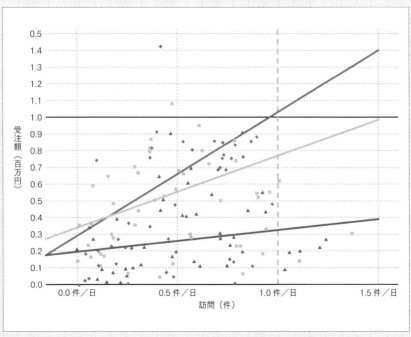

　これは営業関連データのサンプルです（弊社で実際に集計したものをダミー数値にしています）。縦軸は受注金額で、横軸は訪問件数です。
　このデータを当時とった狙いは「訪問件数の多さと受注金額の多さには相関があるだろう」という仮説を実証するためだったのですが、どう思われますか？　何らかの傾向は見えましたか？

　よく見ると、極端に受注金額が大きかったり、訪問件数が多かったり

するデータがあることに気付きます。それらが外れ値です。また、ぱっと見でもわかるように散らばりも大きく、トレンドを見出しがたい。

　外れ値を無視するわけにはいきませんから、統計的な分析はそれらに引っ張られ、トレンドが乱れる結果になります。

　また、これらは機械が収集したのではなく、生きた人間が入力したデータであることを思い出してください。たとえば訪問件数が1日あたり0.5件未満に密集していても、本当は繰り返し訪問しているのに多くの営業パーソンが何件かに1件は入力していないだけでは、といった疑いも拭い去れないのです。

　つまり、グラフ図の密集から外れた数値が外れ値でもあり、密集そのものが外れ値かもしれないのです。私が実際に見たなかでも、明らかに怪しいデータは少なくありませんでした。

　外れ値をどう扱うべきか。また、外れ値に見えるデータは、そもそも本当に外れ値なのか。入力のミスではないのか。この、データ入力のブレの問題は残念ながらいまだに解決できていません。

　しかし、一般的なDXでは機械が自動的にデータを収集するため、そのような問題はまず起こりません。たとえば工場から先の図のようなデータが上がってきたとしても、外れ値は機械の故障や事故等の例外的インシデントである可能性が高いでしょう。除外すればいいだけの話です。

○ 現場と経営層とのズレが背景にある

　先ほど、セールス・イネーブルメントが日本で進めにくい理由の2つ目に、DXが「役に立った」という感想を持ちづらい点があるとご説明しました。

　実はこの2つ目の理由と、先ほどまでに説明したデータ収集の難しさの背景には共通して、セールスの現場と経営層との意識のズレがある場合が多いのです。

セールス DX が目指すもの

現場が		経営層が
効率的に業務を行いながら、効果的なサポートにより成果を出せるようにすること	⟷	会社の状態を常に精緻にマネジメントし経営判断ができるようにすること

このズレが様々な壁を生み出す

　現場サイドからすると、セールス・イネーブルメントないしその一環としてのセールスDXの導入が、「業務が効率化できる」とか「効果的なサポートをもらえる」といった具体的なメリットにつながることを望んでいます。そうであればデータ入力にも協力的になり、データの精度も上がるでしょう。

　ところが、経営層にそのような観点が欠けている場合が多いのです。経営層は往々にして、「マネジメントの精度を上げたい」とか「売り上げの予測を厳密に立てたい」といった、経営判断の水準でセールスDXを考えがちです。

○ 二律背反が生み出すデータ蓄積と利活用の「壁」とは

たとえばSFAを導入するにしても、現場からすると**データ入力という余計な仕事が1つ増える**わけです。それによってはっきりしたメリットがあるならまだいいですが、むしろ**管理が強まる息苦しさ**があります。すると、現場はデータ入力に対して消極的になり、データが形骸化します。

データ入力には人間心理によるバイアスがつきまとう

苦言あるある（汗）	
現場の声	経営者の声
あれこれ監視したい管理層のキモチはわかりますが、あなたが思っている以上に入力が面倒臭いです。	部長、パイプラインがこのくらいしかありません。 ……部長「で？」（みんな入力していないだけで隠し球があるでしょ）
活動入れても結局、管理層は Excel で管理しているので二度手間……。受注したら入れよう。	わが社は平均 0.4 日で受注します！ →ゼロデイ受注が分析を狂わせる……泣
失注情報を入力することに一体、私たちに何のメリットがあるというの？	ウチの会社はホントに勝率 90％なのか？

環境はあるがデータは利活用できず……

また、別のパターンとしては、現場の人間が真面目にデータを入力しても、その管理者が自分にとって使いやすいExcel等を利用した独自のデータ管理をはじめてしまうケースも目立ちました。

このケースでよくあったのが、受注した日になってからはじめて商談を新規作成するパターンです。受注までの平均商談日数を集計すると平均0.4日……。つまりほとんどの商談が発生当日に受注に至るようなとんでもない組織が生まれてしまいます。

私たちはそれを「**ゼロデイ受注**」と呼んでいるのですが、そういうデータが増えると、先ほど（60ページ）のグラフだと左端に大量の案件が

発生してしまい、当然、データ分析を狂わせます。

　さらに、正確なデータをとるためには失注情報も入力しなければいけないわけですが、**人間心理として、失注情報は打ち込みたくない**ものです。怒られこそすれ、褒められるわけがないと思ってしまうからです。

　そういう心理が働くため、受注する確度が高い案件ばかり入力されるようになり、勝率が90%を超えるような事象につながります。あるいは、打ち込まざるを得ないような大型案件のみ入力され、データ化されることもありえます。

○ 人間心理によって生まれるカルチャーの壁を突破しよう

　結局のところ、セールスDXで正確なデータがとりづらい背景にあるのは、そのような**人間心理**なのです。そういう心理の集合が組織のカルチャーを作り上げるわけですから、特にカルチャーの問題を重視する理由がおわかりいただけたと思います。

　多くの企業もこのフェーズに苦しんでいるようで、対策をしばしば聞かれます。方法としては、データ入力を仕組みに取り入れてしまって、たとえば**入力しないと見積書が出せないといったシステムを作ってしまう手**があります。

　それ以外にも重要だと考えられるのは、管理者層や経営者層による**現場へのフィードバック**です。「この案件の進め方、良いね」とか「こうすると良いよ」という示唆やアドバイスを丁寧に与えると、営業の現場は活性化します。

　その具体的な手法については後ほど触れますが、ともかく、現場よりも上の層である管理者・経営者層の動きがカギを握っています。

　ちなみに、欧米企業ではこの問題をどうやってクリアしているのかというと、強いガバナンスが効いている企業が多いようです。「ちゃんとデータを入れないと給料を上げないよ」というガバナンスが徹底しているのです。

　日本企業には「実は、こんな大型案件を進めていたんです！」といった「隠し球」的案件の受注が称賛されるカルチャーがありますが、欧米ではむしろ怒られます。進捗を逐一入力することや、受注予測の精度の高さも評価の対象になります。

o データとナレッジは誰のもの？

　現場と経営層のすれ違いとして、ナレッジとデータの認識の違いもよく挙げられます。

　営業活動から見えてくる集計データは経営層のものであり、より暗黙知を形式知化したナレッジは現場のもの……という思い込みはないでしょうか。

　データは経営層が現場を管理するために使うものであり、ナレッジは経営層には無関係で、現場でしか使えないといったイメージです。

ナレッジとデータのイメージの違い

現場 ＝ ナレッジ？

経営層 ＝ データ？

ナレッジとデータは活用シーンが異なるのか？？

　しかしそのような先入観があると、大量のデータを集めることができても組織の能力を向上させるための統合的な施策は打ち出しにくくなってしまいます。**データとナレッジとが断絶しているから**です。

第1部でお伝えした、サイロ化の壁を打ち破り、互いにデータを行き来させることの重要性を思い起こしてください。セールス・イネーブルメントではデータを基に、各種コンテンツをナレッジ化することが必要です。にもかかわらず、

・ナレッジとデータが断絶している
・ナレッジは現場の物、データは経営層の物という思い込みがある

そんな状況では、セールス・イネーブルメントを進めるのは困難です。

○「ナレッジ」「データ」のイメージを改める

　このような断絶が生じる原因としては、「ナレッジ」「データ」のイメージの偏りが挙げられます。

　ナレッジというと、「こういうケースではこういう提案書がいいよ」というような、現場サイドで使うアナログなものだと思っていないでしょうか。経営サイドからは、ナレッジマネジメントは単なる現場のコストとして見られている可能性すらあります。

　一方でデータは、会社全体としての売り上げの傾向や商材の状況等の、経営サイドで使うデジタルなものだと考えていないでしょうか。現場サイドからは、自分たちの営みを「さらけ出す」監視指標としてとらえている可能性すらあります。

　そのような認識は完全に誤ってはいないのですが、正確ではありません。ナレッジを活用する際にデジタルなデータは必要不可欠です。**両者を別物として分けて考えずに、関係付けることが大事**なのです。

　こう考えれば、「**データは経営層だけのためのものではない**」ということは自明でしょう。ここは特に意識していただきたい点です。

　たしかに経営層にとっても有用ですが、現場にとっても役立つのがデータであり、データをそのように加工するのがセールス・イネーブル

メントです。そのためにはデータとナレッジを結び付けなければいけません。

ナレッジとデータは現場と経営層の双方にとって有用

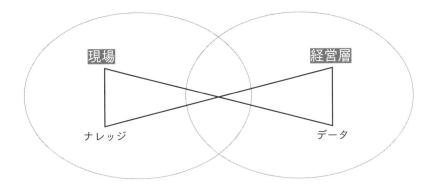

ナレッジとデータを結びつけるための組織設計

CHAPTER 2

セールスDX実現のための
３段階

○ セールス DX 実現までには３つの段階が必要

　以上を踏まえた上で、セールスDXを導入するまでの３つの段階について、次ページの図で解説します。私の経験上、多くの組織はこの３段階を経てセールスDXを実現していきます。

　まず第０階層。残念なことに、この段階ではあまり肯定的な反応は得られないかもしれません。セールスDXを取り入れたものの、まだ何も生み出すことができておらず、現場に「なんだか手間ばっかり増えたなあ」という雰囲気が生まれてしまいがちな段階です。

　しかし、徐々にデータが集めるシステムの便利さに気付き、次の第１階層に移行できると、現場もセールスDXの恩恵を感じられるようになるので、少し肯定的な反応が出てきます。セールスが効率化した、便利になった。だからセールスDXもいいかもしれない、という感じです。

　そのまま浸透できればいいのですが、多くの場合はそうはいきません。次の第２階層に移行すると、データがどんどん蓄積されることで経営層は喜びます。しかし、現場に「なんか監視されている気がする」という空気が漂ってきます。それは結局、経営層と現場とがデータを利活用することについての意義を共有できていないからです。セールスDX実現のために一丸となるカルチャーが必要なのです。

セールス DX の成長階層

どのような業界においても、
法人営業におけるセールス・イネーブルメントを推進していくためには
第3階層の目的遂行のためのロードマップを考えていくことが必要。

Sales DX ▶

第3階層
経営的／社会的インパクト創出のために
様々な形態でデータを 利活用 して、抜本的
なモデル改革を経て、成果に結びつけられ
たという 経営層 と 現場 の幸せ

第2階層
行動をデジタル化していくことで、
ノウハウがデータとして蓄積。
営業活動が可視化されたという
経営層の喜びと現場の嘆き

第1階層
「便利になった」「手間がなくなった。役に立った」
というアクションの活性化と現場の喜び

壁だ!

第0階層
何やらいろいろと投入する手間が増えたという
現場の悲しみ

そういうカルチャーが醸成され、**データを利活用する意味と価値を現場と経営層がともに理解し、組織のなかでガバナンスがとれて高い精度でフォーキャストができれば、第3階層に移行できた**といえます。ここまでたどり着いてはじめてセールスDXだと考えています。

では、それぞれの階層についてより詳しく説明していきましょう。

○ 第0階層：データ入力のメリットが見えない

第0階層の世界

何やらいろいろと投入する手間が増えたという現場の悲しみ
→手間だけが増え、結果的に生産性を落としてしまいかねない
　つっこみどころ満載の世界

	成長したところ	未成長なところ
データの蓄積観点		・データの投入方法が面倒臭い ・投入する動機／メリットがない ・データの量がなく、質も悪い
データの分析観点		・分析するほどデータがない
データの利活用観点		・利活用しようがない

　第0階層は「さあセールスDXだ、データ入力をはじめましょう」という段階です。データがないので分析はできません。つまり、率直に書くと、**手間ばかり増えるのにまだ生産性には寄与していない、メリットが見えない未成長の段階**です。

　SFAを導入したのはいいものの、そのことだけで満足してしまう企業では、この状態のまま未成長ということがよく起こります。つまり、まったく活用ができていないということです。

　なかなかつらい段階ですが、ここを乗り越えなければ次に進めません。

○ 第1階層：「お、意外と便利じゃん」

　しかし、やがて現場もセールスDXのメリットを感じはじめます。データの入力は依然として面倒なのですが、顧客情報を探したり、導入案件を探したりといった一部の事務作業がボタン1つで済むようになるの

第1階層の世界

「便利になった」「手間がなくなった」「役に立った」という
アクションの活性化と現場の喜び
→業務プロセスに溶け込みはじめて、
　データを投入することに「意味」がうまれる

	成長したところ	未成長なところ
データの蓄積観点	・投入することで営業プロセスが進みやすくなる、事務処理が圧縮される等のメリットが生まれる ・データの量・質ともに少し向上する	・データの投入方法が面倒臭い ・恒常的に投入するというより必要な時に投入する
データの分析観点	・溜まったデータを可視化したり、ナレッジ化したりする文化が生まれる	・ダッシュボート等の可視化は進むものの分析領域まではまだまだ徹していない
データの利活用観点		・まだ利活用のレベルではない

で、現場に「便利じゃないか」「使えるんだなあ」という雰囲気が生まれるためです。すると、今まで以上にデータも入ってくるようになります。**データの精度も上がる**でしょう。

　だんだんと蓄積されたデータの可視化もできるようになり、「この依頼の件数はどのくらいだろうか」「この案件ならあの人がいいだろう」といった素朴なレベルでは利活用もできるようになります。

　ですが、データ入力のカルチャーはまだまだ浸透しているとはいえません。「面倒だけど、必要なときだけデータを入れよう」という感じです。日常的なデータ入力が行われていないのです。

　また、蓄積によりだんだんとダッシュボード上でデータを可視化することもできるようになりますが、まだ、決定的な手を打つレベルには達していません。

Applied Learning

NTT Com でのデータ利用の変遷

NTT Com での SFA 利用は段階的に進んだ

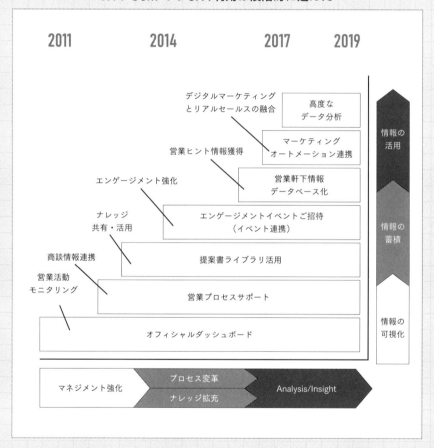

　少し話が抽象的になったので、弊社の事例を紹介しましょう。

　図を見てください。横軸が年度、縦軸がセールスDXの段階を示しています。

　弊社の新規開拓組織がSFAを導入したのは2011年でした。当初は「商談をたくさん入力してください」といった感じではじまり、できること

も営業活動のモニタリングくらいでした。

　ですが、1〜2年経つと営業プロセスのサポートができるようになりました。たとえば、「ここに商談情報を入れれば○○チームにデータが飛んで助けてくれるよ」というふうに、営業のプロセスにSFAを組み込んでいき、情報を連携させていったのです。さらに少し経つと、提案書のライブラリといった形でナレッジの共有と、営業での活用が進みました。データを入れるカルチャーが成立したためです。

　2014年ころからは、エンゲージメント強化にも活かされるようになりました。このときは登録したキーパーソンに自動的にインビテーションを送るシステムが使われました。その後さらに、図の右上にあるように、「○年後にはこういう案件が出そうだ」といった情報をデータベース化し、引継ぎ時に見るようルール化したりと、高度なデータ分析も増えていきました。

　詳細はともかく、この事例から読み取っていただきたいのは、最初は「邪魔者」だったSFAが、だんだんと営業のプロセスの中枢に近づいていく様子です。新参者がだんだんと市民権を得ていくイメージでしょうか。

　なお、この図にある事例は、説明しているセールスDXの成長階層モデルの第0〜2階層に相当します。セールスDXの導入には一定のステップが必要であると感じます。

○ 第2階層：営業が監視の目を感じはじめる

第2階層の世界

行動をデジタル化していくことでノウハウがデータとして蓄積
営業活動が可視化されたという経営層の喜びと現場の嘆き
→経営層がこの蓄積データを積極的に活用するようになり、営業はデータ
　投入を嫌がるようになる

	成長したところ	未成長なところ
データの蓄積観点	・データ投入方法が楽になるような方法を考えはじめる。 ・データの量・質ともにまた少し向上する。やや恒常的にいれてもらえるようになる。	・監視されている営業フロントでデータ投入する／しないの調整が走る。 （特にマイナスなものは投入しない）
データの分析観点	・基本的な可視化方法は手作業ではなく、ダッシュボード化される。 ・分析ポイントが明確化されてくる。 ・ダッシュボードを用いて営業戦略を立てるようになっていく。	・ある程度分析できる素地が出てきたが、まだデータに偏りがあるため、分析内容は限られる。（フェーズ移行のプロセスや失注結果等のマイナスなデータが欠損しているためデータで俯瞰できない）
データの利活用観点	・結果に対する分析結果を打ち手に昇華（利活用）できるようになる。	・プロセスに対する分析結果がまだ打ち手に昇華できない。

　第2階層に移行できると、より一層の進歩がみられます。現場がデータ入力に慣れ、ツールを駆使したり、入力データの整理をしてみたりという動きがみられはじめ、データは質・量ともに向上します。

　このように営業が目的意識を持つようになるため、恒常的にデータを入れる動きも出てきます。データ入力のカルチャーが少しずつ広まってきた、と表現してもいいでしょう。

　また、データ分析も進歩します。データの蓄積によってダッシュボード化が一層進むので手作業がなくなりますし、ダッシュボードが直接、会議等で使われるようにもなります。ダッシュボードに基づき戦略を立

てることが一般化し、**感覚ではなく、データに基づいて判断し、さらに打ち手としていくカルチャーが定着**していきます。

　しかし、そのままデータの蓄積が順調に進めばいいのですが、なかなかそうはいきません。経営層はデータが増えて喜ぶのですが、現場には**「なんか監視されているな」**という空気感が漂いはじめるためです。

　具体的には、ネガティブなフィードバックを避けるためにのらりくらりとデータ入力を渋ったり、誤魔化す方法を編み出したり。悪知恵がついてしまうのです。

　こういった現象を完全に避けるのは難しいと思います。したがって、多くの組織は第1階層と第2階層を何度か行き来しながら成長するのではないでしょうか。

　この段階でありがちなのが、**商談のフェーズ管理の無力化**です。

　営業に商談の進捗を都度入力してもらうわけですが、前述の理由で、営業たちは入力する情報を「調整」しはじめます。特に多いのが、マイナスの印象を与える情報を入れない、というパターンです。

　すると、たとえば商談成立〜受注までを4つのフェーズで管理していたとすると、フェーズ1だった案件が、ある日突然フェーズ4（受注段階）に飛んだりします。おそらく、「失注可能性がある案件は入力しないでおこう」という人間心理によるものではないでしょうか。

　このようなことが多発するので、**商談のプロセスのデータが不足**します。受注するにせよ、失注するにせよ、過程がわからなければ高度な分析はできません。

　ここは弊社でもいまだに課題になっている点であり、多くの企業でも課題になっているのではないでしょうか。解決の手がかりについては後ほど第3部のCHAPTER 3「エッセンス5：インサイト」（→155ページ）と「エッセンス＋1：カルチャー」（→164ページ）でご説明します。

　ただし、現場を一方的に責めることもできません。分析サイドにも責

任があります。入力されたデータに基づく具体的な施策をそれほど打ち出せていないせいで、**現場に「入れる意味はあるんだろうか」という疑問を抱かせてしまうため**です。

　また、データ分析サイドや経営層が十分にデータの使い方を理解していないという側面もあります。先ほどフェーズの飛躍について触れましたが、そういうことが起こる背景には、経営層がプロセスをないがしろにし、結果だけを見たがる姿勢も潜んでいるでしょう。

　しかしセールスDXとはそういうものではありません。たとえ失注に終わったとしても、そのプロセスこそがデータであり、資産なのです。その意識を、現場・経営層がともに共有しなければいけません。

○ 第3階層：現場も経営層も WIN-WIN の状態に

第3階層の世界

	成長したところ	未成長なところ
データの蓄積観点	・データ投入方法が楽になり、営業フロントの投入がプロセスに組み込まれている。 ・営業フロントが投入の意義／メリットをしっかりと把握している。 ・データの質・量ともに大幅に向上。	
データの分析観点	・可視化されたデータを基に分析できる。 ・あらゆる切り口で分析ができる状態になっている。 ・経営層だけでなく、営業フロントにも役立つデータの可視化が行えている。	
データの利活用観点	・経営層のマネジメントのためだけではなく、日々の営業フロントにも役に立つアドバイスやナレッジ展開、トレーニングをデータドリブンに進めることができている。（＝セールス・イネーブルメント）	

　さて、いよいよ最後の第3階層です。ここはいわば、セールス・イネーブルメントが完成を見た段階です。

　一言で表現すると、「現場と経営層の双方がデータ利活用によってWIN-WINになっている状態」です。現場はデータ投入によるメリットを十分に享受していますから、入力するデータの質量ともに向上していますし、経営層はそれらのデータに基づいて有効な手を次々と打てます。

　その背景には、ここまでご説明した第0〜2階層のステップをしっかりと踏めていることがあります。データ投入の方式が現場にとって楽になっており、プロセス化・習慣化しているか。データ蓄積が少ない負担で行えているか。ポイントを押さえる必要があります。

　現場に、データ活用のメリットについてのコンセンサスが確立していることも大事です。すでにこの時点では「なぜこのデータを入れなければならないのかわからない」ということはなくなっています。

　また、当然、データの分析も進歩しています。先ほど、フェーズ分けによるプロセス解析の重要性について触れましたが、その内容も緻密化しています。

　後段でも詳しく説明しますが弊社の例を挙げると、顧客との商談をいくつかの側面に分けてそれぞれをスコアリングし、たとえば「全体として70〜80点で推移しているが、対競合他社のみ50点なので、受注した○○の案件と同じような戦い方をすべし」といった実用的なナレッジを提供できます。

　それは裏を返すと、現場の営業がそれだけ質の高いデータを投入してくれているためです。データ投入→分析→ナレッジ化によるフィードバック→データ投入……という正のスパイラルが成立しているということです。

CHAPTER 3

日本における
セールス・イネーブルメントの
４つの壁

○ 従来のカルチャーが「壁」になる

　以上の成長階層を順調に上れればセールス・イネーブルメントは実現するわけですが、第３階層はともかく、第０～２階層には多くの壁が潜んでいます。私はそういった壁を打ち破るために四苦八苦してきたのですが、やがて、これらの壁は日本的なセールスカルチャーに基づくのではないかと考えるようになりました。

　単なる制度やシステムではなく、日本企業に深く根付いているカルチャーの問題ですから、一朝一夕に変えるのは難しいのも当然の話です。ならば、壁の正体を見極めて、少しずつ前進すればいいのです。

　もちろん、うまく進まない要因は組織によって異なり、かつたくさんあると思いますが、そういった現象の底に潜むものは、根本的には同じなのではないでしょうか。すなわち、日本企業のカルチャーです。次ページの図にカルチャーの壁を４つにまとめました。

　特に目新しくはないと思います。多くの方が「古い発想」とか「日本的」といった言葉で認識しているであろう、あの漠然とした雰囲気です。

　今はあまり評価されないこういったカルチャーですが、戦後日本の成長を支えた面は否定できません。しかしそのせいで組織に深く根付いており、拭い去ることが難しいともいえます。

セールス・イネーブルメント実装に立ちはだかるカルチャーの壁

> **雇用形態が終身雇用のケースが多い**
> ≒インセンティブが少ない・ステップアップが緩やか
> 　　ガバナンスの弱さ
>
> **目標は高く、チャレンジングに！**
> ≒目標にとどかなくても頑張ったことは素晴らしい
>
> **セールススキルは先輩の背中を見て覚えろ**
> ≒属人化に対抗するような分析人材の枯渇
>
> **営業は足と汗で稼ぐもの**
> ≒足と汗が数値化しにくい。インサイドセールス割合が少ない

> 一朝一夕で文化を変えることは困難。
> 日本に合った DX により
> リーンな営業組織へのイネーブルメントを目指す

○ 1：終身雇用によりインセンティブが効かない

　1つ目の壁は、終身雇用です。セールス・イネーブルメントやDXと終身雇用に何の関係が？　と思われるかもしれませんが、データ収集という観点からは、大いに関係があるのです。

　たとえば、質的データ収集の一環としてハイパフォーマーのインタビューをすることがあります。スキルを抽出し、それを具体的な打ち手としてセールスの現場に還元するためですが、そのインタビューがうまくいかないのです。

　なぜなら、ハイパフォーマーからインタビューによって質的データを引き出すためには何らかのインセンティブが必要ですが、安定した日本的な終身雇用制度のもとでは、それは難しい。結果、データがなかなか集まらないということになります。

　一方の欧米では雇用をめぐるカルチャーが異なるため、個人の知見を

第2部　CHAPTER 3　セールス・イネーブルメント導入の壁と処方箋

共有することに強いガバナンスを効かせます。これが壁の１つ目です。

　あるいは、ハイパフォーマーであっても、そもそも何が自分の武器となるスキルなのかを把握していないケースも少なくありません。**「身体で覚える」的な暗黙知や経験値として抱え込み、他人と共有するカルチャーがない**ためです。

　さらにそういった**自らのスキルを人に明かす、あるいは「ひけらかす」ことに抵抗を覚える人が多い**ことも理由に挙げられます。秘密主義とも謙虚ともいえますが、いずれにしてもデータ収集にとっては障害になります。

○ ２：「がんばり」が評価されてしまう

　２つ目の壁は、「がんばり」が評価されてしまう日本企業のカルチャーです。

　たとえば、ある年に売り上げが2,000万円だった営業が、翌年に「売り上げ１億円」を目標にしたとします。ところが、実際に達成できた売り上げは5,000万円だったとしましょう。目標の半分でしかありません。

　こういう場合、日本企業では「昨年の倍以上の売り上げなんて、よくがんばったじゃないか」と称賛されがちです。「目標の半分にしか届いていないぞ」と叱責されたりはしません。それは、**「がんばったこと」に価値があるとされるため**です。

　もちろん、がんばりは評価すべきことでしょう。しかし、目標を達成できたかどうかとは分けて考えなければいけません。上記の例だと、そもそも「売り上げ１億円」という目標に無理があった可能性があります。まずは5,000万円を目標にし、１億円を目標にするのは翌年や翌々年でもよかったでしょう。

　しかし日本では、壮大な目標を掲げること自体が称賛され、その目標達成のための厳密な進捗管理はあまり注意が向けられません。言うまでもなく、このカルチャーは、セールス・イネーブルメントとの相性が良くありません。

　もちろん、遠大なビジョンを掲げることは、個人であってもチームであっても無意味ではないでしょう。それはいわば「夢」であり、夢は、チャレンジしたことは褒められたとして、実現しなくても批判されたりはしません。小学生が「将来の夢」を書いて張り出すようなものです。
　しかし、夢と目標は区別しなければいけません。セールス・イネーブルメントに求められるのはリアルな目標です。目標は夢とは異なり、**緻密な進捗管理のもとに達成しなければいけない数値**なのです。
　ところが、夢と目標が混同されがちな日本企業のカルチャーでは、達成可能性が高いリアルな目標を立てると「保守的でやる気がない」等と非難されたりもします。上述の例だと、2,000万円の売り上げを達成した個人やチームが翌年の目標として売り上げ5,000万円を掲げると、「もっとがんばれ」等と叱咤されたりするということです。
　そのような精神論がまかり通る雰囲気では、データに基づくセールス・イネーブルメントの実行は難しいでしょう。

○ 3 ：「背中を見て覚えろ」というカルチャー

　これも日本企業にとっての「あるある」だと思いますが、「大切なスキルは先輩の背中を見て覚えろ」という、**スキルを暗黙知のままにしておくカルチャー**が根強く存在しています。
　もちろん、多くの企業には育成システムがあるのですが、そこでは基本的・汎用的なスキルしか教えていないパターンが多いのではないでしょうか。その根底には、**重要なスキルは言葉や数値にはできないものだ、経験によって身に着けるべきだ、という思想**があります。
　しかし、本書で繰り返し強調しているように、**個人的な暗黙知や経験則から属人性を外し、共有できる状態に置く**のがセールス・イネーブルメントです。であれば、営業レジェンドやハイパフォーマーたちからスキルを引き出さなければいけません。

　このカルチャーには別の問題点もあります。第1部で少しだけ触れま

したが、スキルを属人的にとらえるということは、営業を「できる人」と「できない人」という二分法で見ることにつながってしまいます。せっかく「できる先輩」がいるのに、その背中だけから「できない後輩」は学ばなければならないとなると、非常に非効率ではないでしょうか。

さらに、より厳密に分析すれば、「スキルAに優れた営業もスキルBには弱い」といったふうに、得手不得手があることが見えてくるでしょう。そして、一見、パフォーマンスが低い営業でも、特定の効果的なスキルを身に着けることはできるはずです。

4：「営業は足で稼げ」なカルチャー

一種の精神論というべきかもしれませんが、日本企業には、「営業は足で稼ぐべし、汗をかくべし」といった雰囲気があります。データを見たり理屈をこねる前にまず動け、という体育会的カルチャーです。

私も営業時代、その重要性に触れましたが、営業にそういう面があることは否定できません。しかし第1に、「足」や「汗」は定量化しづらく、データとして取り込むことが困難です。より大きな問題は、あちこちに足を運ぶこと自体が手段ではなく目的化してしまっているため、もっと効率的な方法があったとしても、提案しづらい雰囲気が生まれていることでしょう。

そのような雰囲気があると、デジタルマーケティングやインサイドセールスへの移行が遅れます。

カルチャーからの変革が必要

以上の壁は、そのほとんどがカルチャーの問題であることがおわかりになるでしょうか。制度面や物理的な制限ではないのです。

セールスDXやセールス・イネーブルメントを導入しようとする企業様は少なくないのですが、単にデータを集めたり、SFAを使いはじめたりするだけでは不十分です。上に記したようなカルチャーから変えてい

く必要があります。

　ここまで壁ばかりを説明してきましたが、あまりに厚く「うちの組織ではセールス・イネーブルメントはできないかもしれない……」と不安になっていませんか？

　そこで次からの第3部ではいよいよ導入の手続きだけではなく、あなたの組織のカルチャー変革のヒントも含め、具体的な方法をお伝えします。

Summary

✓ 日本企業では、データ利活用やセールスDX への抵抗が強い

✓ データを利活用するためには、現場と経営層がそれぞれ段階を踏んで成長する必要がある

✓ 日本企業に残る「古い」空気や終身雇用制度等がデータ利活用の壁となって立ちはだかる

✓ 現場による質の良いデータ投入→現場への正のフィードバック、というグッド・スパイラルが必要

セールス・イネーブルメント の実装手段

この部で学ぶこと
☐ セールス・イネーブルメント推進体制の 仕組みを知る
☐ セールス・イネーブルメント推進の5つの エッセンスの具体的な実装方法を知る
☐ セールス・イネーブルメント推進のための カルチャーの醸成方法を知る

CHAPTER 1

セールス・イネーブルメントのリソース配置

○ セールス・イネーブルメントの実施モデル

第3部では、いよいよ実装の具体的な手段をお伝えします。

第1部・第2部は実装のための様々な考え方を紹介してきましたが、ここではまず、実装に必要な組織の体制から説明していきましょう。

イネーブルメント推進体制

組織の成長に合わせて、徐々に機能の追加と組織の分散が必要

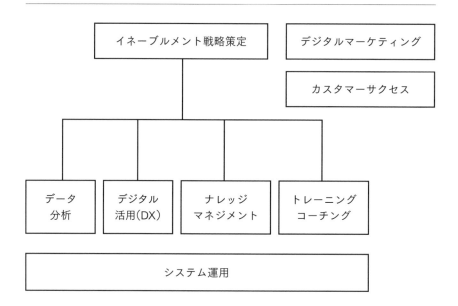

体制について、左下の組織図に即し、イネーブルメント推進体制を整えていきます。

重要な点は３つあります。

まず、この図にある組織は、**全体が100人であっても５人であっても実装が可能であること**です。重要なのは人数ではなく、この図にあるような体制を実際に作り上げること。大きな企業であれば、40〜50人ほどをこの体制に投入することもできるかもしれませんが、少人数のスタートアップ企業ならば、２、３人でも実装可能です。そのような場合、データ分析のみを他の企業に外注する等の方法もありえます。

次に、**全体を網羅的に見て戦略を策定できる個人や組織をトップに配置すること**。ここがなければ、個々の組織がサイロ型に動くだけになってしまいます。統一的な戦略が作れません。

最後に、**このトップの下に４つのチームが配置されるわけですが、それらは相互につながっていること**を忘れないでください。ここで注目したいのが、セールス・イネーブルメントは「人材育成のチーム」だけではないということです。全体が有機的につながり、いわば脳に当たるトップの下で戦略的に動けるのがセールス・イネーブルメントです。

この組織モデルは私が現状でベストだと思うものであり、厳密にこの通りでなければ実装が不可能、というわけではありません。別の形もありえるでしょう。ただ、この形に行きついたことにも相応の意味があります。その内容は、これから解説しましょう。

○ 推進体制に必要なリソースの機能と適したキャリア

では、推進体制に必要なチームの機能を一つひとつ紹介していきましょう。

まず、トップに位置する**イネーブルメント戦略策定チーム**ですが、その役割は全体を見回すことです。トップダウンの経営方針等も理解しつつ、様々な分析結果や、データの活用方法現場の状況を把握し、どこにどんな手を打つのかを決定するチームです。

現場とのコミュニケーションを維持するのが重要なので、配置される人材の望ましいキャリアとしては、やはり**営業フロントの経験者等、営業現場に理解のある人材**ということになるでしょう。

　もちろん、データ分析を専門とする部門の経験者が戦略策定を行うケースもありますが、セールス・イネーブルメントという以上、営業寄りのスキルは重要で、逆に営業現場を理解していない人間がすべての旗振りをすると、アクションが現実離れする可能性があります。ですので、そういった場合は営業現場を理解している・経験している人材との密な連携等をとっていく方法も考えられます。

　データ分析チームは、周囲に振り回されず、冷静にデータを観察・分析するのが役割です。

　したがって、営業の現場とは意見や雰囲気が合わないことが多々あるのですが、それは問題ではありません。齟齬があることも想定した上で、ファクトデータをもとにした客観的な分析を通して体制内で議論を進めることが非常に重要です。

　数字に強いことが必須なので、**事業計画や情報システム部門、データマーケティング経験者**が適しています。

　デジタル活用（DX）チームは、それぞれの施策を具体的に実装するチームです。研修や資料作りといった施策は従来も多々あったと思いますが、デジタルを活用して新しいことができないかを考えるのが仕事です。そのため、ナレッジマネジメントやトレーニング・コーチングといった機能も同時に理解し、活用していくことが求められます。

　たとえば、受注に至るまで時間がかかってしまう案件が多いことが判明したとします。従来であればスピードアップのための研修等のトレーニングを行うと思いますが、それだけではなく、足踏みしている営業にリアルタイムでフィードバックを返したり追加資料を送るシステムを構築したりと、従来からの施策領域だけでは不可能な打ち手を用意するのがこのチームです。

　このチームがどれだけDXを進められるかは、セールス・イネーブルメント全体の進捗を大きく左右します。

　こちらもデジタルな知識が必要であるのと、営業現場についての理解も求められるため、**情報システム部門の人材と、営業支援部門の人材**が協力して進められると、より良いでしょう。

　ナレッジマネジメントのチームは、いわば武器を作る場所。提案書、動画、ウェビナー……いずれもナレッジです。データに基づき、営業が使いやすい武器を作ります。やはり**マーケティングや営業支援経験者**がいいでしょう。

　トレーニング・コーチングチームは文字通りトレーニングやコーチングが仕事です。ハイパフォーマーのスキルを、多くの営業パーソンに展開できるものとしていく仕事ですから、**人事や研修担当経験者に加え、営業経験者がいてもいい**でしょう。

　以上に加え、あったらなお良いと私が思うチームが、**デジタルマーケティングとカスタマーサクセスのチーム**です。よく、デジタルマーケティングとカスタマーサクセスをイネーブルメント対象とは別のものとしてとらえているケースもみられますが、デジタルマーケティングやカスタマーサクセスにおける顧客接点も、広義の意味ではセールス・イネーブルメントの対象にした方が望ましいでしょう。

　CX（カスタマーエクスペリエンス）の観点で考えると、最初からアフターフォローまでのすべてのフェーズと、すべての顧客接点手法（デジタル・コール・リアル）の2つを組み合わせ、どう施策を連動させていくのかを考えていくことが、企業全体のセールス・イネーブルメントにつながります。

CX：
Customer Experience の略称で、顧客が商品を購入する際の体験にとどまらず、購入前の段階から購入後のサポートまでを通した、購買プロセスをとりまく顧客視点からの体験全体を指す。

たとえば、最初の顧客接点はリアルだったら初回訪問となり、デジタルだったらWeb記事やウェビナーになるため、一見まったく別の機能のように感じます。

　しかし、そのフェーズでの訴求すべきポイントや顧客に与えたい印象等は連動して考えた方が効果的です。ですから、セールス・イネーブルメントを進める体制の近くに位置させるメリットがあるのです。

　また、顧客接点の次のフェーズを担う**カスタマーサクセス**についても同様です。このような提案をすればアップセルにつながる、こういった利用状況をモニタリングした方が良い、と提案できることはアナログなセールス施策にも自然とつながります。

○「セールス・イネーブラー」の存在が重要になる

　もうひとつ、営業強化を推進していく人材として「セールス・イネーブラー」というキャリアを設定していくことも重要です。

　具体的には、右の表のようなスキルを持つ人びとのことです。

　セールス・イネーブラーを認定するのは、その**個人の能力を明確に定義するため**です。「私はSEです」「私は設計をしています」という業務経歴と同レベルで「私はセールス・イネーブラーです」といえる状況を作ることで、**セールス・イネーブルメントへの意識を喚起する狙い**があります。

　まだまだ未成熟なキャリアではありますが、「セールス・イネーブルメントは重要なスキルである」というカルチャーを作るための試みのひとつとなります。

　なお、このセールス・イネーブラーは先ほどの組織モデルのなかで、特定のどこかに位置づけられる存在ではありません。ナレッジマネジメントの担当にも、トレーニングの担当にも配置されていて、幅広い行動化を実現できるように、各々の組織で活躍しています。

セールス・イネーブラーの具体的なスキル

スキル	スキル概要
セールス・イネーブルメント戦略策定スキル	自社のセールス／マーケティングにおける適切なフレーム策定と分析、イネーブルメントの検討と実行。セールス・イネーブルメントにかかわる全体をディレクション。
コーポレートセールススキル	実現場における営業活動への理解と、解決策の検討。「顧客の期待」と「現状」とのギャップポイントを定義し、打ち手を検討。
製品・サービス知識・業界知識活用スキル	自社／他社のサービスにかかわる知識・トレンドや顧客の市場・業界動向などに精通。顧客への提案内容にかかるホットボタンを抽出。
データの可視化・分析スキル	営業プロセス全体を俯瞰し、有効な分析テーマの設定と分析を実行。営業現場を理解した現場感を意識しつつ、他社比較も含めた客観的な分析を実行。
ナレッジマネジメントスキル	蓄積された知識や経験を暗黙知から形式知へ昇華させて、提案書・提案ガイド・マニュアル等を作成した上で全体に展開を実施。継続的な営業生産性の向上を推進。
タレントディベロップメントスキル	営業現場を理解し、営業現場のパフォーマンスを最大化させるための人材育成の施策の企画と実行。オンボーディングプログラムやリスキリングプログラムの実施。
コーチングスキル	営業現場で並走し、商談・プロジェクトにおけるあるべき行動を理解。現状とのギャップ分析を行った上で適切なアドバイス・サポートを実行。

　このようにまずセールス・イネーブルメントをはじめるためには、既存のスキルを組織化し、まとめ上げていく必要があります。

　ただ、特に新しいスキルを必要とするわけではありません。今までは一つひとつ分かれていた組織のスキルを横に広げていく、相互連携を推進していく、そういったイメージを持っていただけると、取り組みやすいのではないでしょうか。

CHAPTER 2

エッセンス１：
データ収集

さて、それではいよいよ具体的な進め方の説明に入っていきましょう。

第１部のCHAPTER 4「セールス・イネーブルメントを支える５＋１のコンポーネント」（→40ページ）でもご説明した通り、セールス・イネーブルメントを実装するためには５つのエッセンス（データ収集・ナレッジ化と戦略策定・ナレッジマネジメント・トレーニング・インサイト）が必要です。

この要素をデータ蓄積・分析・利活用の順に繰り返し、セールス・イネーブルメントが進められていきます。

さらにこのエッセンスにプラスして、日本独特のカルチャーを打ち破り、セールス・イネーブルメントの市民権を得る文化の醸成が必要となってきます。

以降では、このエッセンスの流れに即して、セールス・イネーブルメントの実装方法を詳しく説明していきます。

まずはセールス・イネーブルメントにおける最初の段階であり、もっとも根幹的な要素を担う、データ収集の方法についてご説明していきましょう。

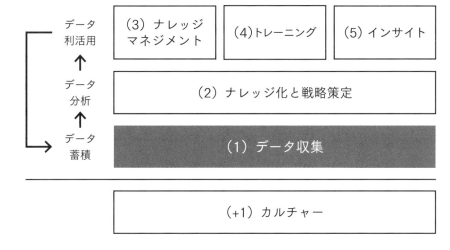

セールス・イネーブルメントのエッセンス1　データ蓄積

収集の3つのポイント

データ収集の流れ1　システム化

(1)　データ収集
(1)-1　データ収集のシステム化
(1)-2　活動データの投入促進
(1)-3　営業暗黙知の収集

　データ収集ですが、これは実装における**もっとも大きなフェーズ**といえるかもしれません。

　セールス・イネーブルメントでのデータ収集には3つのポイントがあります。1つ目は、**データ収集をシステム化する**こと。しっかりとした器を作ることです。

　2つ目は、**データが集まりやすいカルチャーを作る**こと。繰り返し書いているように、セールス・イネーブルメントではアナログな手法でデータを集める部分が存在するため、営業にデータ入力へのモチベーションを高めてもらわなければいけません。システムという器を作っただけでは不十分なのです。

そして３つ目は、定性的なデータも集めること。データというと定量的なものばかりイメージしがちですが、定性的なデータにしかない価値も存在します。特に営業の暗黙知は定性的なデータに現れるので、しっかりと集める必要があります。

以上の３つが行われることで、営業の間で眠っていた知識やノウハウが明示化され、１か所に集まります。

データ収集のシステム実装

・**SFA**
 − 営業ノウハウの注入
 − 営業フェーズの考え方

・**MA ／ CDP**
 − デジタル接点も含めたイネーブルメント

・**データレイク**
 − 営業活動にかかわるビッグデータの活用

しかし、そもそも営業をうまく回すためのデータ蓄積に必要なシステムとは、なんなのでしょうか。大きく分けると３つ、第１部でも簡単にご説明したSFA・MA・CDPと呼ばれるシステムと、データを貯め、管理する貯蓄庫ともいえるデータレイク等が必要となってきます。

この３つのシステムと、管理の方法を上記にそってご説明したいと思います。

○ SFA とは？

SFAとは、一言でいうと「営業活動支援システム」のことです。

SFA（Sales Force Automation）とは

営業活動支援システム
営業担当の活動管理や商談の進捗管理、受注状況等のマネジメントに活用するとともに、営業プロセスを推進する申請機能やワークフロー機能等、営業活動に必要な機能のアドオンも充実している。

営業担当者がどう活動しているか、商談がどういう状況にあるか等を可視化するシステムであり、営業担当の活動管理や商談の進捗管理、**受注状況等のマネジメントに活用する**とともに、営業プロセスを推進する申請機能やワークフロー機能など、**営業活動に必要な機能のアドオン**も充実しています。

2023年現在、特に有名なサービスとしてはSalesforceが挙げられますが、それ以外にもサイボウズ株式会社のkintoneや株式会社NIコンサルティングのSales Force Assistant等様々なSFAが存在しています。

日報をデジタル化したものがベースとなりますが、各種申請機能や見積の承認等、営業プロセスを進める作業もSFA上で行うケースもあります。商談の審議会をSFA上で行って、進行をその場で決裁する、なんてことも可能です。

SFAはかなり浸透しており、第1部でもお話した通り営業が2、3人しかいないような小規模な組織でも導入事例は少なくありません。データ蓄積サービスとしては、もっとも普及している部類に入るでしょう。

皆様の企業の特性や営業スタイルに合わせてデータを蓄積したり、業務プロセスに組み込んだりしやすいサービス・製品を採用することはもちろん重要ですが、併せて後々のデータ利活用を考えた際には、**他のシステムとのデータ連携**も選定ポイントとして掲げることが重要です。

● SFA の活用で大切な２つのこと

SFAの活用について、注意したいことが２つあります。

１つは、固有の営業ノウハウも漏らさずシステム実装することです。

どの企業・組織にも、「こういう場合はこうすると良い」という具体的なノウハウが眠っているはずです。SFAの活用を通して、営業のベストプラクティスやTIPSのようなノウハウを、営業活動の基礎スキルにしていく営みは非常に重要と考えます。

このノウハウを漏らさない方法については様々にありますが、たとえば、１つ段階を踏むごとにヒアリングしておかなければならない内容を確定しておくことが挙げられます。「この内容をヒアリングできなければ、次のフェーズに進めない」というようにSFA上で制限をかける仕掛けです。「必ずこのフェーズで顧客からこの内容をヒアリングしておく方が理想だ」という、企業固有の営業ノウハウをSFAというシステムに盛り込んでいくのです。

そのようにして自分たちが持っているノウハウを確実に実装していくことは、この先のエッセンスを実行する際にも大切な要素となってきます。

弊社の具体例だと、たとえばBANTC（バントシー）に関する右の図の評価の項目があります。これは営業活動を行って受注をとるために必ず押さえるべきとされている項目で、Bは予算、Aはキーマン、Nは必要性、Tがベンダ（契約）決定時期、Cが競合を意味します。この項目を５段階で評価し、商談の進捗をチェックしています。

たとえば予算は十分にとれていたとしてもベンダ決定時期が随分先だったり、必要性があることはわかっていても決裁権者（キーマン）との関係性がまったくなく、むしろ自社に対して否定的だったりして、実際の受注確率が下がるケースがあります。

そこで、こうした多面的な評価で、各商談の実現度合いをはかっていくべきという考え方に基づいて商談を進行していく、いわば１つの営業メソッドです。

BANTC の評価基準

		5	4	3	2	1
Budget	予算	提案金額が予算内	←	提案金額が予算外	→	そもそも予算があるのか不明
Authority	キーマン	自社へ肯定的・ファン	←	自社へ否定的	→	接点がない
Needs	必要性	ニーズを上回った提案	←	RFPが出てしまいそう	→	興味がなさそう
Timeframe	ベンダ決定時期	すぐ	←		→	だいぶ先
Comepetitor	競合	いない	← 優勢	—	劣勢 →	不明

弊社では商談を登録するときに、これらの項目は点数として必ず記入し、以後商談の進行に伴ってこの数値を修正していくこととしています。個々の点数の推移をモニタリングすることで、予算が動いていない、競合への意識が足りないというふうに、具体的な打ち手につなげることができます。

皆様においてもこうした営業メソッドを組織の育成として取得しているケースが多いと思いますが、具体的にシステムそのものに実装し、効果を可視化していくケースはもしかしたら少ないのかもしれません。

SFAには、こういった組織固有のノウハウも組み込んでください。大事な財産です。

2つ目は、**営業フェーズをしっかりと定義すること**です。ここは腕の見せ所です。

営業のフェーズは各組織によって異なるでしょう。したがって、**スタンダードなフェーズに割り振ると、実態に合わないフェーズ管理に陥るリスク**があります。

たとえば、初期提案→見積提出→最終提案→受注、という4段階で

フェーズ管理をしていたとしましょう。ところが、初期提案が第1フェーズになっているため、多くの営業が「こういう提案をしたいな」くらいのぼんやりとした状況を第1フェーズにカウントし、入力してしまっているとします。

すると、第1フェーズには膨大な商談が集まっていることになっているけれど、実態が伴うものはわずか……。そんな落とし穴に陥ってしまうかもしれません。

そのような場合は、初期提案の前にさらに新しいフェーズを設けたり、オペレーションを作り直すなど、フェーズの設計を見直してください。

フェーズ定義・管理が厳密ならば、「なぜ次のフェーズに進まないんだろう」といった分析がリアルで効果的なものになります。しかし、定義が雑だったり実態に即していなかったりすると、その逆となってしまいます。

フェーズのとらえ方には各社の営業スタイルに則した設計が必要になります。すべての営業パーソンが同一の考え方でフェーズへの理解を行えるような、フェーズ定義とフェーズ管理を心がけることが大切です。

o MA と CDP

次に、データ蓄積の2つのシステム、MAとCDPについてご紹介します。

MAは見込み顧客の管理システムを指し、主にデジタルマーケティングで使われます。対象となるクライアントがWebサイトのどこにアクセスしたか、ウェビナーのコンテンツはどれを見たか、ターゲッティングメールを開いたか等、興味関心をモニタリングし、顧客のニーズに合致したマーケティング施策を行うための支援に活用します。

MAは営業というよりマーケティング側のシステムであり、見込み顧客のモニタリングと管理に重点が置かれています。よって、ターゲッティングメールの配信やオウンドメディアへの誘導に利用されます。

MA（Marketing Automation）とは

見込み顧客の管理システム

Webサイトやメール施策等の顧客の行動や興味関心をモニタリングし、顧客のニーズに合致したマーケティング施策を行うための支援システム。ターゲッティングメールの配信やオウンドメディアの運営等に活用する。

CDP（Customer Data Platform）とは

顧客の統合管理プラットフォーム

オンライン／オフライン含むあらゆる顧客データを統合して収集する顧客管理システム。リアル商談におけるコンタクト情報等を格納することができ、商談のあらゆるフェーズにおいてのデータ利活用が可能となる。

　MAがしっかり管理されていると、個々の見込み顧客の興味関心（閲覧したページや開いたメール等）をスコアリングして、この人（会社）が今、特に有力な見込み顧客だからメールを打とう……等と具体的な施策にまで行きつくことができます。

　上記のように、ターゲッティングメールやオウンドメディアを使っている会社は、おおむねMAを持っています。B2B事業を推進している企業のなかでも、特にWebサイトやウェビナーなどの顧客へのデジタルタッチを進められている企業にはかなり普及しているシステムです。

　有名なMAとしてはOracle社のOracle EloquaやAdobe株式会社のAdobe Marketo Engage、Salesforce社のPardot等がありますが、近年ではSATORI株式会社のSATORI、中小企業向けに強い株式会社データXのb-dashなど、比較的簡単に導入できる国産MAの台頭も進んできました。

　CDPは、オンライン・オフラインを含めて、あらゆる顧客データを統合して収集する顧客管理システムのことを指し、SFAやMAのデータをクライアントごとにまとめたものです。**商談のあらゆるフェーズにお**

いてデータ利活用が可能になります。

　各クライアントのデータが集約されるCDPには、デジタルでの接点以外にも、リアル営業における接点、問い合わせの履歴等、すべての接点情報が格納することができます。したがって、あらゆる接点データを活用してスコアリング・ターゲッティングを行い、そこで導き出されたターゲット顧客リストを用いて、また次のデジタル施策を展開することができます。

　CDPの分野ではトレジャーデータ株式会社のTreasure Data CDP、株式会社ブレインパッドのRtoaster insight等の企業が有名ですが、MAやSFAを提供している企業もCDPのサービスを併せて展開していたり、機能を追加することができたりすることも多いです。

　CDPを導入するのは様々な顧客接点があるような比較的大きな組織が多く、小さい組織では必須とはいえませんが、セールス・マーケティングにかかわるデータを蓄積し、利活用することができる環境を作ることは非常に重要です。そのため、CDPについても、SFAと同様に最終的なデータ利活用を見据えた際には、どのように他のシステムと自動連携できるのかが重要になります。

　せっかく蓄積されたデータを利活用するために人間が時間をかけて手動でデータ突合を行うような業務プロセスになってしまうと、セールス・イネーブルメント各施策の機動力やパフォーマンスが落ちてしまうことが懸念されます。

○ データを一元管理するデータレイク

　データレイクとは、様々なデータを一元的に管理する場所のことを指します。ここまでご紹介したSFAやMA・CDPはもちろん、サービスの利用状況や故障状況、収益データまでを1か所に集める場所です。

　データレイクにデータを集めることで、あるデータと別のデータの相関関係を見たいときに、すぐにデータを取り出すことが可能になります。

　たとえば、取引中の顧客や、取引の可能性のある顧客の膨大なデータ

が一元的に管理できていると、施策を実施する際に多方面のデータに基づいてポテンシャル企業を抽出することができたり、施策結果の効果測定が容易にできたりします。

また、サービス契約済み顧客のその後のサービス利用状況を簡単に紐づけられたり、VOCを紐づけられるようにデータを一元的に管理できていたりすると、リテンション営業におけるパフォーマンスの向上につながります。このような作業が、セールス・イネーブルメントを進める上での基盤といえるでしょう。

データレイクについては、第3部のCHAPTER 3「エッセンス2：ナレッジ化と戦略策定」（→121ページ）でも活用しますので、覚えておいてくださいね。

● セールス・イネーブルメントには「深さ」がある

セールス・イネーブルメントの進捗度合いは、どこまで「深い」データ利活用が実現できているかでわかります。

もっとも浅いレベルのセールス・イネーブルメントは、SFAで折り返す、つまりSFAの結果を見て打つ施策を決めるような状態です。しかしもう少しデータ入力が進み、実装が進むと、MAやCDPも使えるようになります。より深いところでデータの相関分析が行えるようになったということです。

さらに、CDP内のデータではとらえきれない利用状況等のデータ、つまりデータレイクのあらゆるデータを使えるようになれば、もっとも深いレベルのセールス・イネーブルメントにたどり着いたと言っていいでしょう。

手持ちのデータをどこまで利用できるかが、セールス・イネーブルメントの進捗の目安です。つまり、いきなりデータレイクまでを実装しなくとも、セールス・イネーブルメントをはじめることはできる、ということでもあります。

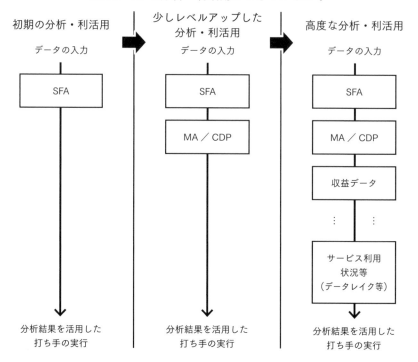

どのレベルで分析・利活用ができているか？

初期の分析・利活用

データの入力

| SFA |

分析結果を活用した
打ち手の実行

少しレベルアップした
分析・利活用

データの入力

| SFA |

| MA ／ CDP |

分析結果を活用した
打ち手の実行

高度な分析・利活用

データの入力

| SFA |

| MA ／ CDP |

| 収益データ |

⋮　⋮

| サービス利用
状況等
（データレイク等） |

分析結果を活用した
打ち手の実行

　もっとも、データレイクと一口に言っても、その大きさは様々です。
大手企業のデータレイクともなるとかなり巨大な軍艦のようなものも存
在しますが、数名くらいのスタートアップ企業でもデータレイクを作る
ことはもちろん可能です。持てるデータは少なくとも既存のクラウド
サービス等で管理することができるため、難易度もそれほど高くはない
でしょう。

Applied Learning

セールス DX を実現するシステムアーキテクチャ

　これまで各システムの機能についてご紹介をしてきましたが、ここではセールスジャーニーにおいてどのように様々なシステムが連携していくのかを次ページの図をもとに紹介します。

　最初の段階である「**1. デジタルタッチ／コールを中心としたリード醸成**」は主にキーパーソン開拓や新しいリード発掘を行うフェーズで、デジタルやコールの営業が中心となる活動となります。このフェーズではMAに様々な顧客の行動データを格納し、その顧客データのスコアリング分析を実施。的確なターゲッティングを行った上で、企業のコンテンツとして蓄積されている記事やウェビナー等を活用し顧客へのレコメンドを展開します。

　「**2. リアルタッチを中心とした本格提案**」のフェーズでは、メインプレーヤーはフィールドセールス（リアル営業）になるため、SFAの活用が主となります。SFAに蓄積された活動データや顧客とのリレーション状態を見ながら、適切な提案コンテンツ（資料）や育成コンテンツ（トレーニング等）を活用して営業活動を推進します。

　この時には先を見越しながらフィールドセールスに提案の仕方やタイミング、利用すべきコンテンツ等を示唆できるような仕組みがあることが望ましいです。また、前述したようにMA上とSFA上の顧客・キーパーソンを突合して、企業全体としてのキーパーソン管理・複合的なスコアリングを行っていくためにも、CDPによる連携は効果的です。

　受注後の「**3. 維持運用アップセル**」のフェーズは、カスタマーサクセスとしての顧客接点になりますので、デジタルとリアルの両方を活用してアプローチをかけていくことになります。加えてサービスの利用状況やVOC等、サービスの活用度合いがわかるデータを利用可能な状態にしておくことも重要です。

　すべてのフェーズのデータは、データレイク等の1つの大きな格納庫に蓄

103

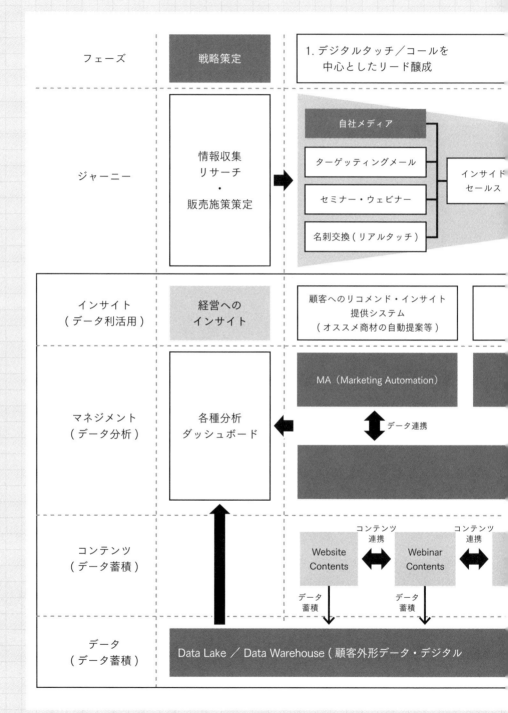

フェーズ	戦略策定	1. デジタルタッチ／コールを中心としたリード醸成
ジャーニー	情報収集リサーチ・販売施策策定	自社メディア／ターゲッティングメール／セミナー・ウェビナー／名刺交換（リアルタッチ）／インサイドセールス
インサイト（データ利活用）	経営へのインサイト	顧客へのリコメンド・インサイト提供システム（オススメ商材の自動提案等）
マネジメント（データ分析）	各種分析ダッシュボード	MA（Marketing Automation）／データ連携
コンテンツ（データ蓄積）		Website Contents ⇔ Webinar Contents ⇔（コンテンツ連携）／データ蓄積
データ（データ蓄積）	Data Lake ／ Data Warehouse（顧客外形データ・デジタル	

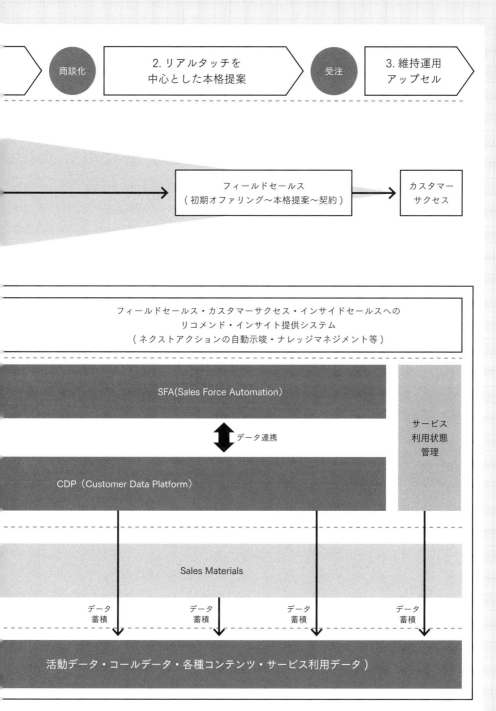

商談化

2. リアルタッチを
中心とした本格提案

受注

3. 維持運用
アップセル

フィールドセールス
（初期オファリング～本格提案～契約）

カスタマー
サクセス

フィールドセールス・カスタマーサクセス・インサイドセールスへの
リコメンド・インサイト提供システム
（ネクストアクションの自動示唆・ナレッジマネジメント等）

SFA(Sales Force Automation)

データ連携

CDP（Customer Data Platform）

サービス
利用状態
管理

Sales Materials

データ
蓄積

データ
蓄積

データ
蓄積

データ
蓄積

活動データ・コールデータ・各種コンテンツ・サービス利用データ）

積をしていくことで、各種の相関分析を実現することができます。次の戦略
策定の基礎情報としてイネーブルメント戦略チームにフィードバックする流
れを作ることで、セールス・マーケティングにかかわるデータを余すことな
く効果的に利活用できるセールスDXが実現されるでしょう。

○ データの入力を促進する

データ収集の流れ2　データの投入促進

（1）データ収集
（1）-1　データ蓄積のシステム化
（1）-2　活動データの投入促進
（1）-3　営業暗黙知の収集

このように組織内のデータの蓄積のシステムを作ることができたら、続いて、データ入力の促進を進めていきます。

よくあるパターンが、**ここまでご紹介したようなシステムを作って満足してしまう**こと。肝心のデータ入力がまだなされていません。

営業が人力でデータを入れていくわけですから、**営業に手入力をしてもらうための促進策は必須**になります。

データ投入を促進するチャットボットの例

1.「＠おつかれ」と入力送信、「活動を報告したい」を選択「OK」押下

2.「新しくつくる（顧客活動）」を選択、「OK」押下
3. 活動報告したい顧客の検索ワードを入力、送信

4. 活動報告対象の顧客を選択、「OK」押下
5. 任意の件名を入力、送信

促進策の具体例として、弊社が実験的に行っているチャットボットの例をご紹介します。

Microsoft Teams上で動くこのボットは、仕事を終えた営業パーソン

が「＠おつかれ」と入力すると、「今日の営業はどうだった？」という質問にはじまり、様々な質問を投げかけてきます。そこに返信していくことで、訪問データを収集できる仕組みです。

　データはSFAに自動的に入っていくシステムになっています。パソコンからはもちろん、Teamsのアプリケーションがあれば携帯からでも入力が可能です。

　日報への記入となると面倒ですが、このシステムがあれば、**移動時等の隙間時間にデータ投入ができます**。営業への負荷も低減されるため、データも集まりやすくなります。

Outlook と Salesforce が連携したシステムの例

Outlook での打ち合わせのスケジューラー登録・
顧客とのメールのやり取りを SFA と連携し、
シングルサインオンでの自動的な新規データ登録等が実現可能

スケジュール登録
・スケジューラーに登録した打ち合わせを
　SFA に連携することで、
　新規活動実績投入が可能。

メール登録
・顧客とのメールのやり取りの内容を
　SFA に連携することで、
　新規行動として投入が可能。

　他にも、OutlookとSalesforceを連携させた上記のようなシステムがあります。スケジュールを登録すると、自動的にSalesforceと連携して活動実績として記録されたり、メールを作成すると行動の記録として残ったりと、**活動入力の二度手間を省く**機能です。

システムの価値を最大化するデジタルアダプション

デジタルなツールの使用を促すデジタルアダプション

導入したデジタルツールの定着化を推進していく仕組み
－入力ガイド機能
－レクリエーション機能
－マニュアル業務の自動化

デジタルアダプションという言葉をご存じでしょうか。近年注目されている概念で、**デジタルツールの定着を促す仕組みやサービス**のことを指します。WalkMe株式会社のWalkMeやNTTテクノクロス株式会社のBizFront等がこのジャンルに該当します。「システムを作ったけれど、使ってもらえない」という経験は多くの方がお持ちでしょう。そうなることを避けるための手法です。

具体的には、**入力ガイド**等が相当します。入力場面でユーザーが迷っていると自動的にポップアップが出現し、入力のアドバイスをしてくれる等のシステムです。また**レクリエーション**といって、使用のガイドを動画で説明するようなサービスもあります。

他にも、**入力の簡素化**や**自動連携**も含まれます。入力に不慣れなベテラン社員をガイドするという役割はもちろん、このような仕組みを組み込むことで、手入力のカルチャーを醸成することにも役立ちます。

社内におけるシステムの活性化に課題をお持ちの企業は、こういったデジタルアダプションの側面からデータの蓄積を促す方法も検討をしてみるといいかと思います。

暗黙知をあぶりだすハイパフォーマーインタビュー

ここまでは主に、第1部のCHAPTER 4「エッセンス1：定量的／定性的データを集める」（→42ページ）でご説明した定量的なデータに

ついて解説してきましたが、ここからは**定性的なデータ**に主眼を移します。

データ収集の流れ3　営業暗黙知の収集

（1）データ収集
(1)-1　データ蓄積のシステム化
(1)-2　活動データの投入促進
(1)-3　営業暗黙知の収集

　ハイパフォーマーの暗黙知やスキルを共有することはセールス・イネーブルメントの極めて重要な要素です。いわば、アナログなノウハウをデジタル化する作業であり、定量的なデータの収集とは異なる難しさがあります。

　そこで、ここでも具体的なデータの収集方法を説明したいと思います。まず、初歩的かつ非常に重要なデータの収集方法として、**ハイパフォーマーへのインタビュー**が挙げられます。

　ハイパフォーマーがどのように営業をしているのかを本人から聞き出さなければいけないのですが、それがなかなか難しいのです。

　まず多くの人は、偶然の要素が多かったと答えます。「たまたまキーパーソンと知り合いだった」「たまたま弊社の商材を検討していた」等々。それでは再現性がまったくありませんよね。

　ここで、**本当に「たまたま」だったのかを検証する作業は必須**です。図のように、どのようにキーパーソンのアドバンテージを伝えたか、どのようなビジョンを提示したのか等、具体的に聞いていくと、「たまたま」ではなく、受注に結び付いたスキルが抽出できる可能性があります。

　武勇伝的な語りに終始するケースも少なくありませんが、その場合も同じです。冷静に一つひとつのフェーズで何をしたのかを詰めていくと、見えてくるスキルがあるでしょう。

インタビューでスキルを抽出する

ハイパフォーマーのどういった行動や言動が、エンゲージメント活動において有効だったのかをインタビューし、再現性あるスキルを抽出

フィルタリングの対象となる要素例

- 相手キーパーソンと社内の人間がたまたま知り合いだった
- 顧客が自社商材ありきで検討していた
- 値段を安くできた

抽出すべき要素例

- どうやってキーパーソンにアドバンテージを訴えたか
- 顧客にどんな Vision を提案していったか
- どうやって値段を維持しつつ受注まで持っていったか

↓

再現性のある Skill エッセンスを抽出

　インタビュー結果を踏まえて、行動レベルでスキルのエッセンスを抽出していくことも大切です。インタビューを終えた後、ハイパフォーマーのスキルを細分化して、行動レベルに落とすことで、**誰もが習得しやすい(≒真似しやすい)ものにまとめていく作業が必要**だからです。

　たとえば次ページの図では「What（何をするか）」という部分で、ハイパフォーマーのインタビューを行動として分けています。

　次の「ファクト」では、インタビューの際に確認できた実際の対応を再び、行動レベルに落とし込んでいきます。その行動を営業スキルとして誰にでもできる「エッセンス」とし、定義化しています。

　このようにして、トレーニング・コーチングだけではなく様々な施策の検討が行われやすく、かつ効果が高くなるように、ハイパフォーマーのスキルを定性データ化していくのです。

インタビューからエッセンスを抽出して定義化（例）

Logistics	What（何をするか）	ファクト	エッセンス（案）
	提案支援体制の構築 ・役割ごとに提案に必要な人材・支援部署の洗い出し ・必要人材・支援部署への協力要請、工数確保の根回し	・SEのドリームチームを編成してもらい応援体制を厚くした ・ドリームチームは具体的な思いを伝えて結成した -「"パッション"」 -「絶対に取らなきゃいけない」 -『『仮想化という先進的な分野の案件は、今後の自社に必要だ』ということをSEに対し滔々と説明した」 -「営業部内を盛り上げ、SS／運用組織の組織長に対して協力要請できるようなムードを作った」 -「SSの上の方に依頼できるように早い段階から準備をした」	・提案支援ドリームチームを結成する - パッション - 先進性 - 使命感
	リレーション強化 ・恒常的なコミュニケーション（別：定期的なヒアリング／メール相談受付・情報提供の実施等）	・当初、クラウドのRFP発出時に顧客からまったく声がかからないような状態から、RFP提示先として認識してもらうまで自社の評価を向上させた -「初回に訪問した時には最下層、RFPの提出先としての土俵にすら上がっていなかった」 -「『自社はこんなことができます』ということをアピールするため『立候補宣言』という提案者をコンペ前に提出し、まずは提案依頼の対象として認識してもらった」 ・ロビー活動として、"顧客のためのアドバイス（情報インプット）"を装いながら婉曲的なネガティブキャンペーンを行うことで、自社の相対的な評価を上げていった（例：「インフラやサーバの導入をする際には、言った言わないが問題になるベンダもいますよね」等）	・"自社ならできます"をアピール ・ステルスで企業イメージを操作 ・顧客レイヤーごとに顧客に気に入られる

↓

定義化し、そのスキル伝搬手段の検討を行う
（トレーニング・コーチング・コンテンツ・ツール等多面での検討）

○ アセスメントをする

ハイパフォーマーインタビューによってスキルが定性データとして蓄積できたら、それを一人ひとりのスキルに落とし込んでいくアセスメントを行います。

ハイパフォーマーインタビューによって作成した評価項目を基に、**どういうことができているか／できていないかという評価軸を作り**、評価を下していきます。

　評価は、「自己採点」と「上司からの採点」の２種類を行います。上司からの採点と自己採点を照らし合わせて、**ギャップが大きい項目を発見することで、自覚できていない弱点を抽出することにつながる**のです。

　いずれにしても、スコアリングによって苦手分野を見つけ、そこを強化する流れを作るということです。また各々の営業パーソンが、どのような立ち位置でどのように仕事をしているのかスコアリングして蓄積することも、貴重なデータとなっていきます。

　次ページの図の平均スコアを例に、考察をしてみましょう。

　とある組織で、各々の営業パーソンの自己アセスメントの平均値を出したところ、キーアクションのなかでも「顧客業界のKeyとなるDXテーマ理解」「POCによる実証提案」「社外ベンダーとの協業スキーム確認」のスコアが低くなっています。

　ここからこの組織の営業パーソンが上記３項目を特に苦手なアクションと考えており、この分野に対する何らかの打ち手の検討が必要となることがわかります。

　もちろん個々の能力を高めるための研修や提案をしやすくするための提案マテリアルを準備していく施策実行も考えられますし、そもそも経験値の乏しいメンバーが多いという課題点からセールスにおける業務の優先順位の改善（リソースアロケーション）等の打ち手を考えることもできるでしょう。

自己採点による全体の平均スコアの例

フェーズ		キーアクション	平均スコア
全社共通	プロセス		
00) 関心の醸成 ／課題の特定	顧客理解と プランニング	1. 顧客業界・事業別ビジネスモデル理解	2.18
		2. 異業種を含む最新技術事例の把握	2.14
		3. 顧客業界の Key となる DX テーマ理解	1.75
		4. DX 領域のターゲティング（CDP）	2.02
	顧客リレーション 確立	5. 既存案件からの LoB 人脈紹介	2.25
		6. リソースの活用	2.39
		7. 技術的ケイパビリティー訴求	2.07
01) 受注プランの 策定	提案領域の具体化	8. Big Picture 仮説構築	2.14
		9. 顧客と Big Picture 議論を通じた提案 領域の絞り込み	2.26
02) 案件の攻略	プロジェクト化 コミュニケーション	10. Key イニシアチブ化に向けたステーク ホルダーの巻き込み	2.27
		11. 自社にこだわらない顧客起点での 複合ソリューション提示	2.02
		12. POC による実証提案	1.68
	プロジェクト リソース確認	13. 社内専門領域の有識者との事前調整	2.36
		14. 社外ベンダーとの協業スキーム確認	1.93
		Total	2.10

○ 非ハイパフォーマーへの受注分析

　インタビューによる定性的な暗黙知の確認という意味で、ハイパフォーマーインタビューに少し似た試みとして、受注分析インタビューがあります。

　これは、縦軸に営業が思うHot度、横軸に時間経過という2軸で、受注の経緯を振り返るものです。Hot度合いとは受注の確度、近さを意味します。

　このインタビューでは「いつ、どのようなことがあったのか」をインタビュアーに細かく振り返ってもらいます。Hot度合いが上下し、時にV字回復をしていたりするのがわかるでしょう。こういった**特異な動きが営業のどのような言動によって引き起こされたのかを分析するのが狙い**です。

　この事例では、一度失注しかけたにもかかわらず、その後受注に至っているのが注目すべき点です。失注しそうな理由を聞きに行ったところ、クライアントが重視しているのはまったく想定していなかった部分であることが判明。提案を軌道修正したのち、他者から逆転して受注できました。

　打ち合わせも、失注しそうな理由を確認することも、難しくはありません。誰でもできます。こういった**属人化されないスキルを見出しやすい**のが、受注分析インタビューです。

　方法はハイパフォーマーインタビューによく似ていますが、大きな違いは、**対象者が必ずしもハイパフォーマーではない点**です。

　ハイパフォーマーでなくても、受注に至った経緯を振り返ってもらうと、ところどころに前述のようなファインプレーがあることがわかります。そういったファインプレーは、非ハイパフォーマーでも真似がしやすいでしょう。その意味で再現性が高く、価値があります。

受注分析インタビュー（例）

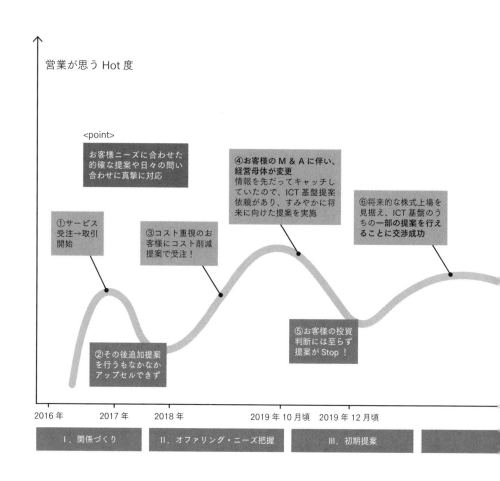

営業が思う Hot 度

<point>
お客様ニーズに合わせた
的確な提案や日々の問い
合わせに真摯に対応

①サービス
受注→取引
開始

②その後追加提案
を行うもなかなか
アップセルできず

③コスト重視のお
客様にコスト削減
提案で受注！

④お客様の M & A に伴い、
経営母体が変更
情報を先だってキャッチし
ていたので、ICT 基盤提案
依頼があり、すみやかに将
来に向けた提案を実施

⑤お客様の投資
判断には至らず
提案が Stop ！

⑥将来的な株式上場を
見据え、ICT 基盤のう
ちの一部の提案を行え
ることに交渉成功

2016 年　　　2017 年　　　2018 年　　　　　　　2019 年 10 月頃　2019 年 12 月頃

Ⅰ．関係づくり　　　　Ⅱ．オファリング・ニーズ把握　　　　Ⅲ．初期提案

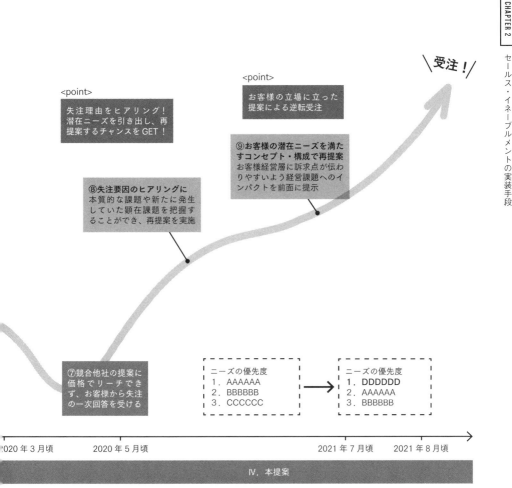

\受注！/

<point>
失注理由をヒアリング！
潜在ニーズを引き出し、再
提案するチャンスを GET！

<point>
お客様の立場に立った
提案による逆転受注

⑨お客様の潜在ニーズを満た
すコンセプト・構成で再提案
お客様経営層に訴求点が伝わ
りやすいよう経営課題へのイ
ンパクトを前面に提示

⑧失注要因のヒアリングに
本質的な課題や新たに発生
していた顕在課題を把握す
ることができ、再提案を実施

⑦競合他社の提案に
価格でリーチでき
ず、お客様から失注
の一次回答を受ける

ニーズの優先度
1．AAAAAA
2．BBBBBB
3．CCCCCC

ニーズの優先度
1．DDDDDD
2．AAAAAA
3．BBBBBB

2020 年 3 月頃　　　2020 年 5 月頃　　　　　　　　　2021 年 7 月頃　　　2021 年 8 月頃

Ⅳ．本提案

もちろん、ハイパフォーマーのスキルを形式知化し、誰でも再現できるように実装することもセールス・イネーブルメントの狙いではあるのですが、実際は難しいケースも多々あります。その意味ではハイパフォーマーインタビューで抽出されるキーアクションよりも初歩的なノウハウになることもあるものの、営業現場が比較的受け入れやすいアクションになる可能性が高いです。

　なおこの2つのインタビューはやはり、営業経験があり戦略策定まで携わったことがある人が行うのが良いでしょう。さらに定性情報をデータ化するために、情報システム部の人びと等とも連携することは必須です。

○ 音声データを蓄積する

　最後に、音声データの蓄積について触れておきます。

多くのサービスが参入している音声データ解析

オンライン商談の増加により商談の音声データを蓄積する方法も増加

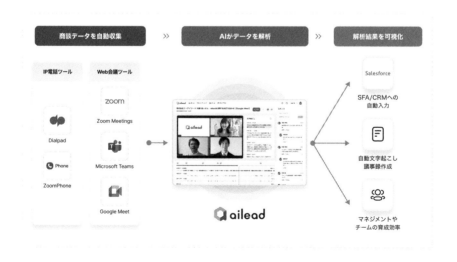

　図は株式会社バベルが展開しているaileadというサービスです。商談の録画データを元にセールス・イネーブルメント施策の展開をするものになります。AI が商談データを自動で収集・解析・可視化することで、近年のオンライン商談の増加に伴い、**商談の音声データを分析し、再現性の高いスキルを抽出する試み**が注目されるようになりました。有名なサービスも、続々と音声解析サービスを導入しはじめています。

　営業現場の業務効率化と「売れる」営業人材の育成を実現します。

　Web 会議ツールと連携することで、**既存の業務フローをまったく変えずに利用することが可能**になるようなサービスです。すでに導入が数百社を超えているサービスになり、商談の音声・録画データからの解析への関心が多いことがうかがえます。

　活用シーンとしては営業の**内勤業務の効率化、営業チームのマネジメント・育成の効率化**が挙げられ、SFAの記入作業の自動化という入力の側面、それから商談に対するフィードバック等の分析領域でも活用することができます。

　上記のサービスの他にも様々なSaaSが生まれており、資料のどのスライドを何秒提示したかを記録したり、話した内容をテキストマイニングして評価したりする等、様々な商談音声・映像データの分析がなされています。

　最近ではキーワードや会話の抑揚や感情まで分析するサービスもあります。詳細はサービスにより異なりますが、ハイパフォーマーの商談を分析する点や営業の生産力を高めるためのデータの利活用という点は、オンライン商談が多くなった昨今においては非常にホットなトピックといえます。

　様々な技術やサービスは日進月歩ですが、ここまでご紹介した手法はいずれも、**属人的な暗黙知を誰でも再現できるスキルに変換する**ためのものです。そして、そのために収集するデータには定量的なものに限らず、定性的なものも重要だと考えます。

Summary

 セールス・イネーブルメント推進のためには、既存のデジタル・リアルのスキルが有機的に結合した組織が必要

 データ収集にはデータ蓄積のシステム化・データが集まりやすいカルチャーの醸成・定性データの収集が不可欠

 セールス・イネーブルメントの進捗度合いは、SFA・MA・CDP などをどこまで深く利活用できているか、でわかる

 営業の暗黙知ともいえる定性データを形式知化し、誰でも再現できるように実装することが重要

CHAPTER 3

エッセンス2： ナレッジ化と戦略策定

セールス・イネーブルメントの心臓といえるナレッジ化

　データ蓄積を行うことができたら、いよいよナレッジ化・戦略策定の段階に入ります。

セールス・イネーブルメントのエッセンス2　ナレッジ化と戦略策定

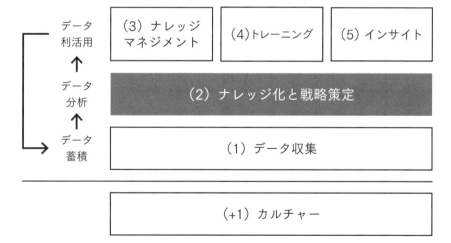

　集めたデータを、実際に使える施策等に加工する過程がナレッジ化です。ナレッジ化を経なければ、営業成績向上のために打てる施策は手に入りません。セールス・イネーブルメントでもっとも重要なステップといっても過言ではないでしょう。

単にデータを加工すれば良いわけではなく、モニタリングを行ってより速く、より成果の高い施策を打つことが、セールス・イネーブルメント全体の戦略とも大いにかかわります。したがって、**戦略策定もセットになった工程**といえます。

○ 相関分析のためのデータ加工

ナレッジ化と戦略策定の流れ1　成形

（2）ナレッジ化と戦略策定
(2)-1　ローデータの成形（定量・定性）
(2)-2　データの可視化
(2)-3　イネーブルメント施策の策定

第1部でナレッジ化と戦略策定の3つの段階・大まかな流れについてはご説明しましたが、本章では1つの項目ごとに、改めて確認していきたいと思います。

まずは、データ蓄積の段階で集めた定量データ・定性データの加工の方法を解説します。先ほど第3部のCHAPTER 2「エッセンス1：データ蓄積」のエッセンスで、どのシステムのデータまで活用して分析をするのかによってセールス・イネーブルメントの深さがあるという話をしました。

ここでは実際に深い分析をするための加工や整理の仕方について少し触れたいと思います。

SFAやMAといったシステムは、ダッシュボードの機能を持っている場合がしばしばあります。したがって、ダッシュボードを使えば、すでに加工されたそれぞれのデータを見ることが可能です。

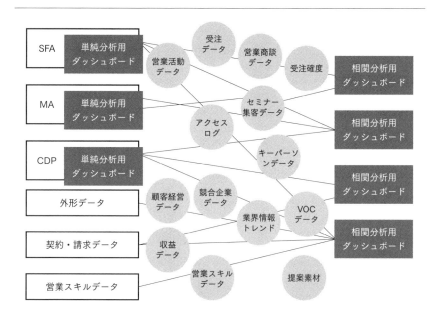

セールス関連データのデータ蓄積

セールス関連データはサービスがダッシュボード機能を有しているケースが多く、加工せず利用可能だが、相関分析等を行う際はBIツールで利用するためのデータ整備が必要

　しかし、そのままでは、それぞれに格納されているデータ同士の相関分析はできません。たとえば、SFA内に格納されている営業活動データデータと契約・請求データの収益情報を見比べて分析する場合等です。そういう場合は、両者のデータを収納できる新たなデータベースが必要になります。

　例を挙げて説明してみましょう。あなたの企業で「顧客カルテ」（→135ページ）を作成することになったとします。顧客の所在地の情報や、規模の情報、組織図等は「外形データ」と呼ばれ、Web等から得られる情報です。

　ただ、それだけで顧客の分析ができるかというと、難しいでしょう。リアル営業の商談情報はSFA内に蓄積されていますし、収益データは契

約・請求データに蓄積されている。さらに顧客が興味のある情報等は、MAに蓄積されています。これを同じ場所に格納し、ダッシュボード上において一目で確認することができてはじめて、営業施策に役立ってきます。

つまり、収集した個々のデータをそれぞれの場所で使うだけでなく、さらに統一されたデータベースを作ることで、それまでは見えなかった新しい知見が手に入るということです。

こういった場合に、組織の規模や用途に応じてSFAのみを使うのか、SFAとMAを使うのか、それともそれ以外のシステムのデータも使うのか、という課題が出てきます。

前述したように、リアル営業の活動データと、オンラインでの見込み顧客データを組み合わせて、顧客データを活用し施策を打ちたいと思った場合には、SFAだけでは足りません。SFAとMAを連携させたデータベースを新たに作ることが望ましいです。

さらに、契約・請求データや、データ蓄積で紹介した営業のスキルデータを合わせて施策を打ちたいと思った場合や、人事データや競合他社データを活用したいと思った場合には、さらに大きなデータベースが必要となってくるかもしれません。

つまりこの段階で、どのデータを組み合わせたいか、何をどう分析したいのかによって、使用するデータベースの構造（アーキテクチャ）を検討する必要があるということです。

逆に、ここでアーキテクチャを検討せずに進めた場合、無駄なデータベースに投資してしまうということもありえますから、重要な点といえます。

○ データレイク・データウェアハウス・データマート

先ほど、蓄積された様々なデータを、統一して一括で管理するデータベースが場合によっては必要と述べました。それが第3部のCHAPTER

2 「エッセンス1：データ収集」（→101ページ）でも登場した**データレイク**です。

ここにはあらゆるデータが集められます。データレイクには、**「構造化」されたデータに限らず、テキストデータや故障情報といった、バラバラの未加工データも含まれています**。とりあえずデータを放り込む場所、というイメージです。

セールス関連データ以外のデータ活用も重要

セールスの基本データ以外も活用した分析環境づくりも視野に

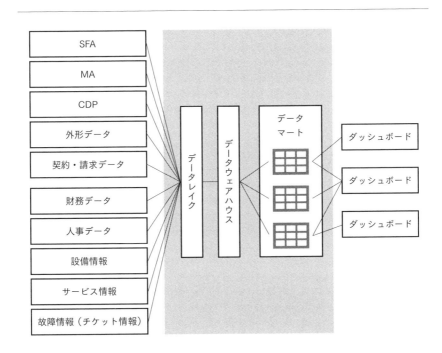

しかし、データレイクのデータはあまりにも膨大なので、そのままでは使えません。したがって、「営業関連」「設備関連」等と、カテゴリーに応じて、**分析しやすいように必要なデータを集約・加工してより小分けされたデータベース**を作ります。それが**データウェアハウス**です。

さらに、施策や打ち手を検討するためよりピンポイントな相関分析を

行う際には、より小さく目的に特化した**データマート**を作ります。データマートの段階では、利用目的に合わせたデータが格納されているため、よくダッシュボードのソースとして使われます。

　前ページの図のように、**データレイク→データウェアハウス→データマートの順で必要なデータのフィルタリングを行い、分析処理能力を上げていく**イメージです。

　少しわかりにくいかもしれないので、たとえて説明してみます。データレイクは、いわば何でも放り込んでおく空き地です。すべてのデータがそこに収納されます。するとデータウェアハウスは、それぞれの目的に応じて整理された倉庫に、データマートはそのなかでも取り扱うべきものに特化した個別の店舗に例えられるでしょう。

　なおデータレイクは取り入れる場合常設となりますが、データウェアハウスとデータマートは目的に応じてその都度作るのも違いです。

それぞれ規模と目的は異なる

データレイク
様々なデータをため込む格納庫。DB・CSV 等で整備された構造化データのみならず画像・テキストデータ・メール等の非構造化データ等もまとめて格納。全社の横断したデータ蓄積を行いたいときに利用。
データが未加工なものも入るため、直接ここから分析すると、処理に時間がかかるケース等がある。企業全体の情報量により、大きさは様々。

データウェアハウス
特定目的（顧客・会計・サービス……等）に基づいたデータを網羅的に保管するためにカテゴライズ・整理し、分析を行いやすい状態にするもの。

データマート
利用する部署や利用する用途に合わせて、必要なデータのみを抽出し、利用しやすい形にしたもの。ダッシュボードのデータソースになることが多い。

　このようにデータレイクが基礎とはなるのですが、大規模な企業は別として、いきなりデータレイクを作るのはあまり現実的ではありません。まずはSFAやMAのデータを活用してデータウェアハウスやデータマートを作り、**目的特化型の運用からはじめる手法**も考えられます。その後、データが蓄積されていき、データレイクが必要になったタイミングで、改めて設ければ良いでしょう。

　個別の分析はデータウェアハウス・データマートで可能なのに、なぜデータレイクが必要になるのかというと、前述したテキストデータやメールといったバラバラの**「非構造化データ」が価値を持つことがあるため**です。

　特にAIを利用したデータ分析では、一見、関連のなさそうな非構造化データ同士を相関分析することで、思わぬ事実が見つかることも多々あります。そのためには、雑多な非構造化データが大量に格納されているデータレイクが必要なのです。

○ ハイパフォーマースキルのデータ化

ハイパフォーマースキル一覧

No.	フェーズ	エッセンスカテゴリ	スキルエッセンス名	スキル概要	振る舞い／ツール種別	リンクスキル項目
1	訪問の準備	リード創出のためのキーマンのパス作り	トップリレーションを活用した案件発掘	トップを通じて顧客の窓を開ける	蟹が難しいところは顧客の窓(i.e.,コンタクト先)をトップダウンアプローチの上に開けてもらう	振る舞い	情報共有
2	訪問の準備	リード創出のためのキーマンのパス作り	トップリレーションを活用した案件発掘	ファーストコンタクトのタイミング見極める	顧客の窓(i.e.,コンタクト先)を、現場にあったタイミングで見極め・アプローチする	振る舞い	潜在顧客/案件発掘
3	訪問の準備	リード創出のためのキーマンのパス作り	新規開拓先の発掘	新規アプローチ先を見つけるために高いアンテナを常に張る	出張先、イベント参加時などあらゆる情報・リソースを活用してアプローチ先となりうる企業をピックアップする	振る舞い	潜在顧客/案件発掘
4	訪問の準備	リード創出のためのキーマンのパス作り	新規開拓先の発掘	グループ会社のリレーションを活用してアプローチする	ベンチャーズ出資先や海外インキュベーターから情報をもらう	振る舞い	情報共有
5	訪問の準備	リード創出のためのキーマンのパス作り	初訪問前の情報収集	初訪に向けた最低限の情報収集	情報収集のバランスを考慮した上で、最低限武装して担当する心構えをする	振る舞い	顧客情報活用
6	信頼度の向上	リード創出のためのキーマンのパス作り	新しいパスを作る	外界でパートナー(お友達)を作る	コンソーシアム等に行った際にお友達を作ってビジネスの芽を創出する	振る舞い	関係構築・強化
7	信頼度の向上	リード創出のためのキーマンのパス作り	手ぶらで訪問、カタログよりとにかく話す	会話のネタを日々探して、会話パターンをストックする	日頃から目に入るモノや聞こえる情報をキャッチし、顧客との会話ネタを探す(e.g.,建物外観/内装、展示物、時事情報、等)	振る舞い	関係構築・強化
8	信頼度の向上	リード創出のためのキーマンのパス作り	手ぶらで訪問、カタログよりとにかく話す	お客のフィールドで話を進める	自社紹介から入らずに、顧客のサービス領域の話から入って課題像や思っていること(顧客のフィールド)を聞く	振る舞い	顧客情報活用

　ここまで、データベースを使った定量データの格納・加工方法を説明してきました。しかし本書で度々お伝えしている通り、定性的なデータもセールス・イネーブルメントを進めていく上で必要です。ここからは

定性データの加工・活用方法について、ご紹介していきます。

第3部のCHAPTER 3「エッセンス1：データ収集」（→109ページ）でもお伝えした通り、ハイパフォーマーのスキルは、セールス・イネーブルメントにおいて大変貴重なデータです。

ただし、扱いは簡単ではありません。データレイクに格納して加工できればベストですが、個々の定性スキルまでデータレイクに格納できている企業はまだまだ少なく、我々も現在実験的に、データとして扱いはじめている段階です。

今までは、ハイパフォーマースキルのような定性的な暗黙知は、研修等のアナログな方法で共有するしかありませんでした。

しかしセールス・イネーブルメントが進歩すれば、将来的には、どのスキルをどういった状況で使うと有効なのかを紐づけし、ナレッジ化して提供できるようになるかもしれません。

たとえばSFAに逐次情報を投入していれば、「案件Aが競合他社に負けそうだ」というのはわかります。そのタイミングで、データレイクにハイパフォーマースキルを格納しておいて、デジタル化が進みシチュエーションによってどのスキルを使うか判断できるようになれば、「スキルXを使うべし」と自動的に個々の営業に届けられるようになります。そうすると、営業全体のパフォーマンスは大きく向上するでしょう。

そのようなシステムが成立すれば、職人芸的暗黙知を、誰もが、適切なタイミングで使えるようになります。日本の営業は大きく変わるでしょう。

○ ローデータをナレッジに加工する

個々の営業が使えるナレッジを充実させるのもセールス・イネーブルメントの成否を分ける工程です。右ページの図のように、元となるデータ（ローデータ）を加工して、ナレッジに昇華していく作業が必要となります。

　まず、過去に実績のある提案素材は**汎用的なテンプレート**に加工したり、場合によってはリメイクしたりして、営業にとって使いやすい、**実用的な提案フォーマット**等のナレッジを作ります。

　また、マーケティングツールデータに関しては、業界の課題として昨今ホットな話題や、Web等から取り入れられる**マーケットデータ（外形データ）**をこの段階で加工しておくと、営業の際に使いやすいデータとしてすぐに活用できるナレッジになります。

　また、研修についてもテキストデータを加工して活用することができるでしょう。よく「研修に行っても、その日のうちは覚えているけれど、実際に活用できたことがない」という現場の声が聞かれます。そういった際に、**研修で使われたテキストやホワイトペーパーを基に提案用素材を作っておいて、活用しやすくする**という方法があります。

提案ナレッジの蓄積

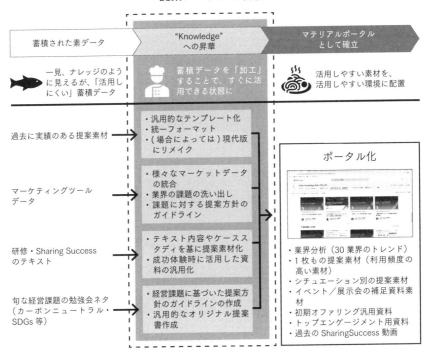

これは旬の経営課題等の勉強会で使われたペーパー等も同様で、そこで挙げられた課題を解消できるような提案フォーマットを作成しておくことも、ナレッジ作成のひとつといえます。

　1つ気を付けておきたい点は**提案ナレッジの鮮度**です。

　提案マテリアルはパワーポイント等のドキュメントや、動画等で作成するものが多いと思いますが、定量データと異なりこれらはもちろん自動的にはアップデートされません。これらの鮮度を保たないと、気付かないうちに既に利用価値のない提案マテリアルになっているケースも少なくありません。

　提案マテリアルの鮮度をどうやって保っていくのかを組織として考えていくことも体制検討のなかでは大事なことになります。

汎用化された提案書コンテンツ

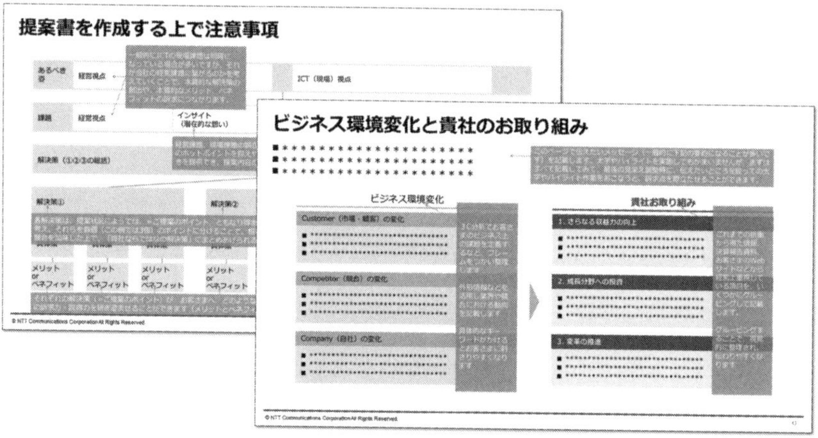

　上の図は弊社の事例ですが、提案書の書き方をナレッジ化したものです。「ここにはこう書くと良い」というアドバイスを定型化し、ハイライトで示しています。すると、指示通りに埋めれば提案書が完成します。これは**定性データのナレッジ化**の一例です。

　なお、主にナレッジ作りを担うのは、**ナレッジマネジメントの部隊**に

なるでしょう。イネーブルメントの戦略策定部隊が策定した施策を、このようにナレッジに落とし込んでいくイメージです。

o データを可視化する

ナレッジ化と戦略策定の流れ2　可視化

（2）ナレッジ化と戦略策定
(2)-1　ローデータの成形（定量・定性）
(2)-2　データの可視化
(2)-3　イネーブルメント施策の策定

データの加工の次は、**データの可視化**です。

今まで、どのようにデータを格納し、どのように組み合わせ、成型して営業に提供するべきかを説明してきました。ただそのデータを見て、次の打ち手を考えることができなければ、真に活用できたとはいえません。ここでは主に、ダッシュボードの活用を紹介しながら、「**データの見える化**」の方法についてご紹介します。

データ分析で目指していくべきことは「**拡張分析の追求**」、「**個別分析の追求**」であると、私は考えています。単純に結果を表すだけでなくそこから解を導き出すこと（拡張分析の追求）、そしてその解は一人ひとりにパーソナライズされた最適な解であること（個別分析の追求）、この2つの追求こそがセールスDXには必要なことだと考えるからです。その追求においてデータの可視化は、次ページの図のように**Day00 〜02**の3段階で行われます。

Day00 は、いわばスナップショットです。2023年6月期の売り上げはどうなっているのか、営業の提案件数は今どのぐらいあるのかといった、**「今」の状態を把握するためのデータ**です。

シンプルに営業の状況を把握するための、マネジメント色の強いデータ分析であり、ほとんどの組織はDay00のデータを持っていることで

セールス DX の実現に向けたデータアナリティクス

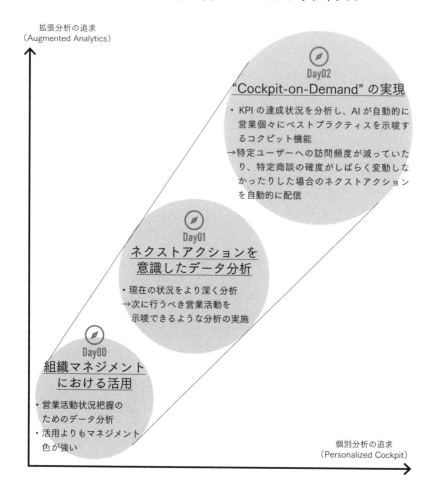

拡張分析の追求
（Augmented Analytics）

Day02
"Cockpit-on-Demand" の実現

・KPI の達成状況を分析し、AI が自動的に
営業個々にベストプラクティスを示唆す
るコクピット機能
→特定ユーザーへの訪問頻度が減っていた
り、特定商談の確度がしばらく変動しな
かったりした場合のネクストアクション
を自動的に配信

Day01
ネクストアクションを
意識したデータ分析

・現在の状況をより深く分析
→次に行うべき営業活動を
示唆できるような分析の実施

Day00
組織マネジメント
における活用

・営業活動状況把握の
ためのデータ分析
・活用よりもマネジメント
色が強い

個別分析の追求
（Personalized Cockpit）

しょう。まだ活用に主眼が置かれた段階ではありません。営業戦略や経
営戦略を練る段階です。

　次の**Day01**になると、より深い分析を行い、<mark>データのなかからネク
ストアクションを考えはじめます</mark>。たとえば、長く停滞している商談が
あるとか、ある営業の活動が特定のクライアントに偏っているとか、や
や長い時間軸でデータを観察し、そこに考察を加えるということです。
　最終段階である**Day02**は、<mark>AIが各々の営業に自動的に指示を出すよ</mark>

うなレベルを想定しています。人の手を介することなく、個々に対しパフォーマンス向上に資するアドバイスを自動的に行うような世界です。これは先ほどお伝えしたスキル等の非構造化データの活用等も必要な部分です。

　これからセールス・イネーブルメントをはじめようとする読者の皆様はまず、**Day00から01への発展段階を押さえること**が**不可欠**です。ここからは戦略策定を考えるための、実際にあるSFAツールをご紹介していきます。

Salesforce のダッシュボード１

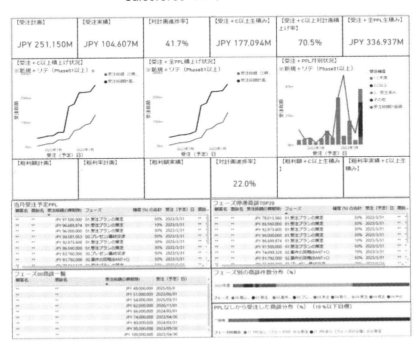

　これは、Salesforceのダッシュボードの一例です。受注実績やパイプライン、商材がどのくらいあるのかがリアルタイムでわかります。このダッシュボードを見ることで、主要商談やフェーズ、受注の相関性が一目でわかるので営業マネジメントが進めやすくなります。

　弊社では、部署によってはこの画面を見ながら経営マネジメントを

行っています。裏を返せば、営業が入力して**ダッシュボード（SFA）に反映されているデータ以外は「認めない」**数字として扱っています。そのため、入力も徹底され、状況がより正確に把握できるようになっています。

Salesforce のダッシュボード 2

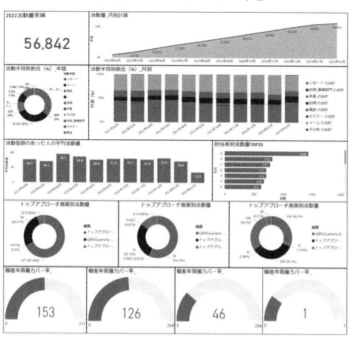

　上のダッシュボードも、Salesforceの画面です。これは営業の活動、つまり何件訪問したのか、何をやったのか等を可視化する画面です。ある顧客のもとを訪れる頻度が落ちているとか、逆に訪問頻度が高いのに受注が少ない等、重要な変数同士の関係が浮き彫りになります。

　セールスフォースの場合はすでにダッシュボードが備わっているため、このような重要な判断が、SFAのみで完結するのが画期的な点です。

○ BI（ビジネス・インテリジェンス）ツール

　SFAのダッシュボードのみではデータ活用が不十分だと感じた場合に

は、BI（ビジネス・インテリジェンス）ツールを使います。

> **BIツール：**
> Bussiness intelligence tool の略称。ビジネスの意思決定をデータに基づいて行うためのツールで、収集したデータを視覚的にわかりやすく表示できる。

先ほど「データウェアハウス」や「データマート」の解説をしましたが、**必要となるデータを企業の持つこれらの格納庫からピックアップし、ダッシュボードを作る**イメージです。

有名なBIツールにはTableau SoftwareのTableauとMicrosoftのPower BI等があります。セールス・マーケティングにかかわるようなデータだけでなく、あらゆる企業リソースやサービス情報に基づいて様々な相関分析を実現するツールです。

昨今ではこのBIツールの使い方や、BIツールで作るダッシュボードのデザインスキル等、汎用スキルとしての研修制度も充実してきているため、企業のDXを実現するための人材育成手段としても有用であると考えます。

弊社では顧客に関する様々なデータを組み合わせた「顧客カルテ」も作っています。株式会社帝国データバンクの帝国データバンクや株式会社ユーザベースのSPEEDA等、企業・業界情報・市場分析・競合調査を提供している外形データの情報と、企業内のSFAで蓄積している顧客情報を組み合わせ、個別の顧客（会社）の情報だけではなく、関連他社の情報も含め、異なる場所から抽出したデータ同士を組み合わせて１つのダッシュボードにしたものです。

弊社では顧客の競合他社の情報も自動で抽出できるようにしているため、顧客の競合他社の収益トレンド等も同じダッシュボード上でみられるようになっており、顧客の業界におけるポジショニング等もわかるようにしています。

第3部 CHAPTER 3 セールス・イネーブルメントの実装手段

135

顧客カルテ

顧客外形データ、社内請求データ、営業活動データ等を組み合わせた
顧客カルテの展開
個社だけでなく、関連する業界他社のデータも可視化
（各業界の他社情報等も抽出）

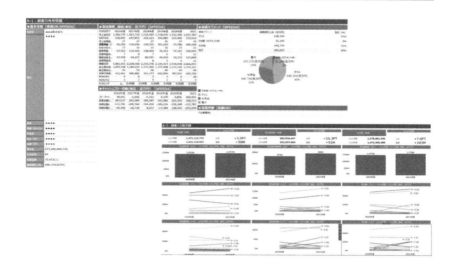

○ より具体的なリレーションマップ

　顧客カルテは業界展望も含むややマクロなダッシュボードですが、よりミクロな、**個別の顧客に関する情報を可視化する「リレーションマップ」** も存在します。

　ある会社のキーパーソンがどんなWeb記事を見たか、どのセミナーに来たか、個別具体的な情報を見られます。

　どのような興味・関心を持っているかが相関関係でわかれば、その組織・企業に対する施策が打ちやすくなります。大量のデータを蓄積・格納することができれば将来的には、ある会社の社員全員の情報を入れることさえ可能になるでしょう。

　さらにメール等の非構造化データも投入するようになると、近い将来

には「ある会社の××さんは、こういうときには機嫌が良い／悪い」といった、極めて具体的な情報までスコアリング可能になるでしょう。そういった情報があれば、たとえば**担当者が変わったときも同じ精度の営業を展開できる**という、他社と決定的に優位性がある営業接点を作り出すことができるとも考えられます。

リレーションマップ

お客様の「個」にも注目。
お客様キーパーソンへのアプローチ状況やデジタル行動等から
ネクストアクションを検討

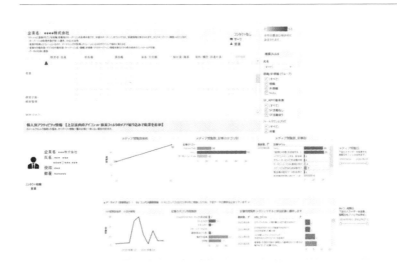

　以上は、**データ同士を突き合わせることで、これほど多様なことが見えてくるという例のごく一部**です。

　他にも多元的な分析として興味深い新たな気付きを得るようなものとしては、以下の例が挙げられます。

・受注した商談において、そのキーパーソンは1年前にターゲッティングメールに反応してウェビナーやイベントに多く参加してくれていた(≒デジタルアプローチの効果測定・強化改善に活用)

・受注確度が80％、つまり受注がほぼ確実に見えている商談にもかかわらず、半年以上リアル営業の訪問も、デジタルアプローチも行っていない商談がいくつも存在していた(≒失注しそうな商談の早期発見と対策検討に活用)

冒頭にお話した通り、このフェーズでは単にデータを見るだけではなく、具体的なネクストアクションを念頭に置いて突合するのが重要です。

o セールス・イネーブルメント施策策定のためのフレーム

ナレッジ化と戦略策定の流れ3　施策策定

（2）ナレッジ化と戦略策定
（2）-1　ローデータの成形（定量・定性）
（2）-2　データの可視化
（2）-3　イネーブルメント施策の策定

データの加工、そしてそのデータを「見える化」できたら、いよいよ具体的なイネーブルメントの施策を作る段階に入ります。

ここでは施策を検討する前提となる、戦略策定例についてご紹介します。

次ページの図の左側「1．ペイン／ゲインポイントの抽出」の列をご覧ください。データと課題を可視化していくところから戦略策定はスタートします。

これまでお伝えしていた**データの蓄積・加工・可視化を通して課題が浮き彫りになった点を抽出**します。もちろん課題（ペインポイント）だけでなく、たとえば、「この商材の販売が伸びている」とか「ウェビナーやイベントでこのジャンルの需要が非常に高くなっている」などの将来の収益拡大の機会(Oppotunity)となるゲインポイントを抽出することも大切です。ファクトデータを元にイネーブルメントを行うべきポイントをクリアにしていくことが重要です。

　このシート例では新規開拓の提案強化が弱いという課題に対して、ファクトデータを分析、どこに原因があるのかを可視化しています。

> ペインポイント・ゲインポイント：
> ペインポイントとは、コストをかけてでも解決したい課題のこと。ゲインポイントは、まだ顕在化していない、潜在的に求められる要素のことをいう。

　「2．基本戦略の策定」では、ペインポイント・ゲインポイントを踏まえて進めていくべき基本方針やKGIを定めます。何を目標として各施策を打つのか、関係メンバーでの意識を合わせていく段階です。この例では、商談数の増加や生産性の向上、競合他社との勝率UP等の主軸となるゴールイメージが共有されています。

　そして「3．具体的アクションの決定」では、これまでお伝えをしている「5＋1のエッセンス」における上段3つの視点「ナレッジマネジメント」「トレーニング」「インサイト」でどのような施策・打ち手を展開していくかを考えていきます。

　この3つの視点による施策は連動性が重要です。たとえば新規開拓に必要な提案資料や研修コンテンツは同じメッセージが必要ですし、ナレッジとして作成した「××社とのバトルカードの充実」は、要所要所で自動示唆を出せるような仕組みを作る必要があります。

　最終段階である「4．効果の確認」では、1で出したファクトデータの振り返りだけでなく、中間KPIとして具体的アクションの効果を確認する必要があります。もちろんこの中間KPIの、KPI／KGIの達成への貢献についても相関分析が必要になります。たとえば提案書のダウンロードを行った人が受注につながっているか、自動レコメンドした営業パーソンは、商談フェーズを進められたのか、等です。

　この戦略シートはあくまで一例にはなりますが、「ナレッジ化と戦略策定」について網羅的にとらえられるようなシートの作成は企業のなかの共通目標・共通言語になっていきますので、是非推進していくことをお勧めします。

戦略策定シートの記入例

テーマ	新規開拓ターゲット顧客に対する提案強化・受注向上
テーマ概要	FY22 の戦略軸としていた新規開拓の更なる強化が必要。既存顧客からの収益依存が大きく、が必要。フック商材中心に拡販展開をしつつ、将来的な有望顧客の発掘を行う。

1. ペイン／ゲインポイントの抽出	2. 基本戦略の策定

営業活動における課題や、
新たな機会を分析

セールス・イネーブルメントで
実現していくこと

内部環境

課題①
・新規開拓すべきターゲット顧客に対する、商談数が少ない
・初回訪問から 2 回目訪問に移行する件数が少ない

ファクト
・ターゲット顧客との平均商談数〇〇件／人
・商談フェーズ移行率〇〇％

課題②
・新規開拓商談の受注率が低く、特に競合他社（C）に負けるケースが散見される
・特に××社とのコンペでの失注が目立つ

ファクト
・受注率〇〇％（××社が競合の場合〇〇％）
・SFA 上の対競合他社の平均スコアが〇〇点

課題③
・ウェビナー、イベントによる新規開拓のターゲット顧客が参加するケースはあるものの、インサイドセールスが効果的なコールができていない

ファクト
・リアル営業への商談引継ぎ率〇〇％
・新規キーパーソン登録数〇〇人

外部環境

・××社の競合商材のシェア率　〇〇％（〇〇調査調べ）
・VOC 調査におけるポイント　〇〇 pt

・新規開拓ターゲット顧客に対する商談数の圧倒的な増加
（本格提案フェーズの件数の増加）
（〇〇件）

・新規開拓活動の生産性の向上
（受注〇〇円／人・年）

・競合××社との勝率 UP
（〇〇％）

	推進リーダー	○○部長
中長期の収益確保のためにも更なる新規顧客の創出	支援体制	○○部門 ○○部門

3. 具体的アクションの決定	4. 効果の確認

複数の視点から、
基本戦略にあった打ち手を検討

効果測定の方法の検討

ナレッジ マネジメント の視点	・新規開拓時の提案マテリアルの充実 （FY23_4月） 1回目でヒアリング項目と次回につ なげるスクリプトの充実 - ハイパフォーマーの行動に基づいた ヒアリングスクリプト - 提案書の見直し ・Webinar後のインサイドセールスに よるコール項目の整理(FY23_5月) 需要の確認、自社の強み等 ・XX社とのバトルカードの充実(実施 済)
トレーニング の視点	・ハイパフォーマーによるSharingSuccess の実施(FY23_1Qで2回実施) 受注例からみる勝因の展開 ・トークスクリプトの展開、シミュレー ション育成動画の展開(FY23_5月) ・ドアノック研修・雑談力研修の実施
インサイト の視点	・商談作成時の提案資料の自動レコメン ド(FY23_6月) SFAにて商談が作られた際に自動的 に必要な提案書とトークスクリプト、 育成コンテンツを示唆 ・コンペ勝利ケースと勝利要因の自動 示唆 SFAの登録競合会社が××社の場合 にバトルカードを自動示唆 ・ターゲット顧客のイベント参加時のリ アルタイム通知と提案資料の自動示唆
経営の 視点	・生産性と人員数によるパフォーマンス 分析とリソースアロケーションの検討

KPI
・ターゲット顧客との平均商談数
　○○件／人
・商談フェーズ移行率○○％
・受注率○○％
　（××社が競合の場合○○％）
・S競合他社の平均スコア
　○○点
・リアル営業への商談引継ぎ率
　○○％
・新規キーパーソン登録数○○人

相関の検証

中間 KPI
・提案マテリアル
　DL数　○○
　PV数　○○

・研修参加者○○人
　参加者の商談発生：○○件／人

・Sharing Success
　参加者：○○人
　参加者の商談発生：○○件／人

・自動レコメンドによる資料活用数
　○○件

・示唆確認率
　○○％

Summary

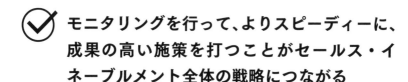 モニタリングを行って、よりスピーディーに、成果の高い施策を打つことがセールス・イネーブルメント全体の戦略につながる

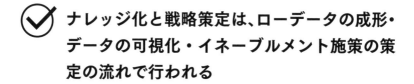 ナレッジ化と戦略策定は、ローデータの成形・データの可視化・イネーブルメント施策の策定の流れで行われる

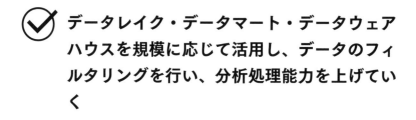 データレイク・データマート・データウェアハウスを規模に応じて活用し、データのフィルタリングを行い、分析処理能力を上げていく

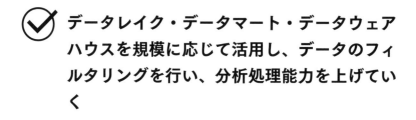 ペイン／ゲインポイントの確認→基本戦略の策定→具体的アクションの決定→効果の確認のサイクルを意識した戦略を策定する

エッセンス３：
ナレッジマネジメント

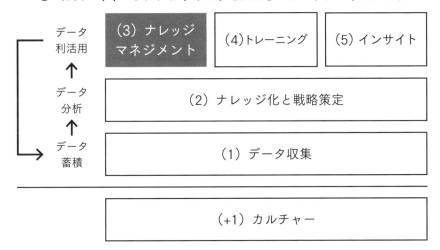

セールス・イネーブルメントのエッセンス３　ナレッジマネジメント

　ここまで、データの蓄積方法、そして加工・分析方法、さらにそこから戦略策定をする方法について説明してきました。ここまできたらいよいよ、データを具体的に営業の施策に活用していく段階です。

　本書では、データ利活用の方法を「**ナレッジマネジメント**」「**トレーニング**」「**インサイト**」の３つに分けて説明していきます。

　まずはこの３つのエッセンスのなかで、データを実際に個々の営業自身が活用していくための「ナレッジマネジメント」について解説しましょう。

○ ナレッジマネジメントとその展開

営業が使える提案素材や手法を流通させるのがナレッジマネジメントです。下記の通り、提案書やレポートに加え、オウンドメディアの記事やウェビナーのコンテンツも提案素材です。

ナレッジの展開

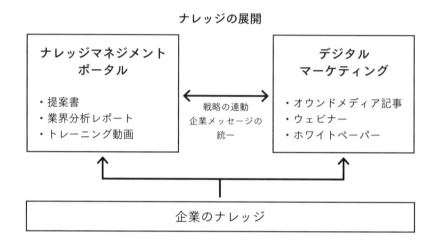

繰り返しになりますが、ナレッジマネジメントはデジタルマーケティングとも隣接しているため、独立したものとしてではなく、セットで考える必要があります。

たとえば、ナレッジ化したリアル営業の提案書を活用して売り上げが伸びていることがわかれば、同様のテイストでオウンドメディア記事を作成するという方法が考えられます。

また「メタバースが注目されている」という知見があったとき、メタバースに関するナレッジを作るだけではなく、顧客向けのオウンドメディア記事を作って、リアル営業の後押しをすることも考えられるでしょう。

ナレッジやナレッジ化したコンテンツをマルチユースすることは、セールス・イネーブルメントにおいて必須といえます。

セールスナレッジパーク（Sales Knowledge Park）

営業フロントが必要な旬なオファリング資料、提案書フレームを随時掲載
動画コンテンツ、（社員による）プレゼン動画等も UP していくことで、
発信力醸成、セミナーレディなカルチャー醸成も狙う

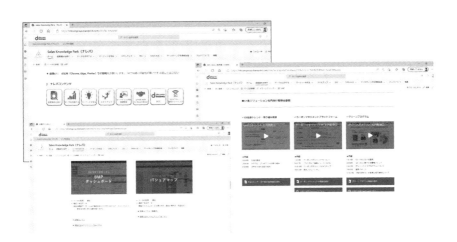

　ナレッジマネジメントについて、営業に伝えるためのポータルサイト
として弊社では「セールスナレッジパーク」というサイトを用意してい
ます。旬な「ネタ」や提案書のフレーム、動画コンテンツ等を集めてあ
ります。また、営業活動に利用できるようなダッシュボードも兼ね備え
ています。

　さらには、セールスナレッジパークの**アクセスログ**も解析しています。
社内の動きもデータで精緻に確認することも大切です。社内の動きに注
目している先進企業も多く、MAを社内向けに展開している企業もある
ほどです。

　営業担当がどのようなコンテンツに興味があるのか、アクセスをして
いるのか等、**営業力強化のために社内の活動情報にもそれだけの価値が
ある**ということです。

　ナレッジマネジメントには終着点はなく、これまでも多くのサービス

でテクノロジーの進化によって様々な機能が付加されてきています。

　弊社でも、ナレッジマネジメントの高度化は非常に重要な施策の1つとして、進化をさせてきています。

　たとえば、検索のしやすさの向上においては営業パーソンが探している資料にたどり着けるまでの時間を計測し、UIの変化によって向上しているかを確認しています。また、SFAとの連動性という部分では商談属性に合わせて、様々な形で営業パーソンに活用すべき提案書を自動的にレコメンドできるようにすることで、先んじて通知をしていきます。

　このように常に進化をさせていきナレッジが流通するような仕組み作りを行っていくこともセールス・イネーブラーとしての大事なミッションとなります。

Applied Learning

アクセスログからの活動分析

活動分析の一例

総UU数だけでなく、各組織別のアクション状況や、コンテンツごとの人気度合等も可視化して営業組織、サービス組織に開放
今後は商談や顧客訪問と活用資料の紐づけ等、高度な分析にも挑戦

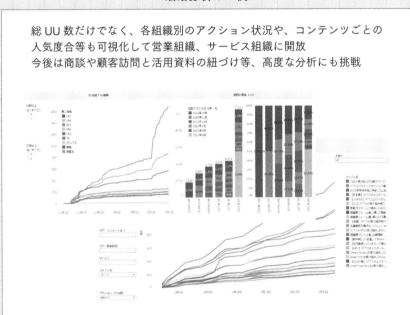

　先に紹介したようなポータルサイトが社員に浸透し、大いに活用されている場合には、そのアクセスログから営業の活動分析を行うこともできます。

　営業一人ひとりがどのくらいナレッジを活用しているか、PV数で確認することもできますし、逆に**今多く見られている記事や動画から、ホットなコンテンツを探して打ち手を考える**こともできます。

　弊社の場合は、細かいPV数のランキングを出していることに加え、各ファイルのUU数や、全体のPV数をKPIとしてかなり厳しく評価しています。

　活用する営業、すなわちユーザー数やPV数が増えないことには、ナ

レッジマネジメント部隊が成績を上げているとはいえません。**評価の軸を数値として据えることで、よりナレッジマネジメントを進めていきます**。

　ナレッジマネジメントがここまで高度化されてくると、実行している会社とそうでない会社とでは、かなりの差が生まれるでしょう。

Summary

 加工したデータから、営業が使える提案素材を作成することがナレッジマネジメント

 ナレッジ化したコンテンツを、デジタル・リアルを問わずマルチユースすることは必須

 アクセスログなど、社内の動きをデータ化することも営業力強化のために必要

 社内のナレッジが流通するような仕掛け作り、仕組みづくりを考え続けて、進化を意識することが重要

CHAPTER 5

エッセンス4：
トレーニング

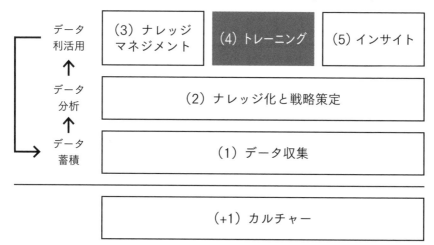

セールス・イネーブルメントのエッセンス4　トレーニング

データ
利活用

↑

データ
分析

↑

データ
蓄積

（3）ナレッジ マネジメント	（4）トレーニング	（5）インサイト

（2）ナレッジ化と戦略策定

（1）データ収集

（+1）カルチャー

　次のデータ利活用方法は、「**トレーニング**」です。トレーニングと一言でいっても、様々な方法が実はあります。

　ただ、その内容はクリティカルシンキングや、社会人としての意識形成等自己啓発ではなく、**成果につながる具体的なメソッドの習得**です。

　訪問した顧客になかなか提案ができない、受注につながる最後の段階で競合他社に負けてしまうといった**「負け方」もSFAのなかで可視化できます**。ですから、データを分析した上で、そういった点を乗り越えるための**売り上げに直結するトレーニング**を施します。

○ トレーニングとその展開

成果に直結するトレーニングの方法

成果に直結するようなトレーニングコンテンツへの昇華
「実用的な」「実戦的な」育成を意識

トレーニング例

・Vision Selling
・競合他社に打ち勝つためのゴースティング
・アイスブレイク、雑談力
・事例共有会

　たとえば、先の図にある「**Vision Selling**」という手法があります。企業・組織との初回交渉時から会社としての大きなビジョンをしっかりと語り、顧客と共有することで競合他社に対して優位に立つ手法です。

　あるいは逆に「**ゴースティング**」、すなわち、競合他社のアピールを無力化する手法もあります。そういった手法をトレーニングで身に着けます。アイスブレイク（雑談力）のような基本的なテクニックも扱います。

　ここで、「今まで蓄積してきたデータは活用できるのか？」という疑問を持った読者も多いのではないでしょうか。一例を挙げましょう。

　既存顧客が多い弊社はともかく、新規顧客への飛び込み営業が多い組織ならば、「1回目の訪問から2回目の訪問につなげられず、受注が得られない」といった状況はデータによりはっきりと可視化できるはずです。であれば、初回交渉時の「つかみ」が悪いと考えられる。そういう営業に対して、アイスブレイクのトレーニングを行うという施策を打つことができるのです。

成功事例を共有する

他の施策として、事例共有会というものがあります。受注の事例を共有するものですが、単に成功事例について話してもらうのではなく、「**どの行動が受注につながったか」に絞って話してもらう**ことで、受注するための暗黙知を他の営業たちで共有するのが目的です。

より正確に書くと、「話してもらう」のではなく、セールス・イネーブルメントを担当する側が資料を用意し、インタビューをする形式として、**受注につながる行動についてのみ話してもらうようにコントロール**します。成功事例共有は得てして自分の「武勇伝」のお披露目（自慢）に陥りがちであるため、**会の品質を担保する**ためです。

また、共有会ではあえてハイパフォーマーではない営業に話してもらうこともあります。受注分析の項目でも少し触れましたが、非ハイパフォーマーにたまにみられるファインプレーは、より共有しやすいためです。また、ベテラン社員が共有会で登壇した若手営業に対し営業手法を尋ねるといったような、年代を越境したコミュニケーションを生むという狙いもあります。

現在弊社ではトレーニングも動画配信が多くなりましたが、コロナウイルス流行以前に開催していた事例共有会は、フライヤーを作ったり動画を作ったりと、楽しめるよう工夫を凝らしていました。営業のモチベーションを上げるという意図だけではなく、**個々のスキル向上に時間を割くカルチャー醸成のため**でもあります。

一点特化型の研修

もちろん、売り上げに直結する内容であれば従来から行ってきている研修や勉強会も行います。

ただ、先述の通り、啓発的な内容はなく、個々人が苦手としているアイスブレイクや、雑談力の向上等に特化して行うのが特徴です。受注につながる暗黙知を共有することを強く意識するということです。

　内容は極めて具体的です。たとえばアイスブレイク研修であれば、顧客のニュースリリースや業界ニュースをチェックするという基本的な作法だけでなく、たとえば、顧客を訪問する際にはタクシーは使わずに駅から歩き、その途中にある飲食店や街並みをよく頭に入れて雑談の素材にしたり、顧客がどこの企業カレンダーを使っているかをチェックしたりする（どこの企業と取引をしているのかがわかる場合がある）等、ハイパフォーマーが持つ暗黙知が語られます。

　また、以前弊社で行った「Why NTT com」という研修のように「**なぜ弊社ではないといけないのか**」ということをより説得力を持って、わかりやすく説明するためにはどうすれば良いか、取引先にどう伝えるか、具体的なスクリプトまで落とし込んだレクチャー等も効果的です。

　このような暗黙知の語りは従来からの研修でもよくありましたが、形式化知して現場でどの営業も活用できるように語ってもらう点が今までの研修と異なります。

　また、先述のセールスナレッジパークに研修の動画をアップし、いつでも見られる状態にしています。育成・トレーニングコンテンツをしっかりアーカイブしていくことも、この先にご紹介するインサイトの提供をより効果的にします。

Summary

 データを分析した上で、成果につながる具体的なメソッドの習得を目指すのが、セールス・イネーブルメントにおけるトレーニングの特徴

 成功事例を共有するために「どの行動が受注につながったか」に特化した成功事例の共有を行う

 従来から行ってきている研修等も、セールス・イネーブルメント施策に取り込むことを意識し、形式知化してレクチャーすればどの営業も活用できるようになる

CHAPTER 6

エッセンス5：
インサイト

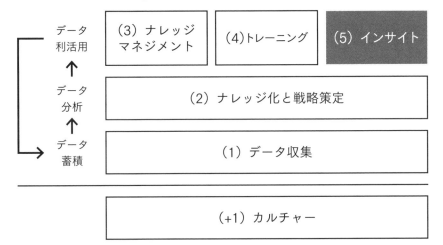

セールス・イネーブルメントのエッセンス5　インサイト

データ
利活用　(3) ナレッジ
　　　　マネジメント　　(4)トレーニング　　(5) インサイト

データ
分析　　(2) ナレッジ化と戦略策定

データ
蓄積　　(1) データ収集

(+1) カルチャー

　最後のデータ利活用のエッセンスとして「**インサイト**」をご紹介します。あまり聞きなれない言葉かもしれませんが、セールス・イネーブルメントでは非常に重要な役割を果たしています。

　インサイトを平たく説明すると、**個々の営業に対するネクストアクションの示唆**です。示唆といっても人力で伝えていくのではなく、**蓄積したデータを活用して自動的に判断し、次の行動を示すシステムを作る**ことがこの段階での肝となってきます。

　こういった戦略策定の支援をしたり、個々の営業にダッシュボード等を通じてアドバイスを送ったりするサービスが、近年登場してきています。ここでは、具体的に各サービスの内容を紹介しながら、活用方法を説明していきます。

155

⚬ 各サービスを使用したインサイトの方法

　素朴なものでは、名刺交換をした相手にメールを送ることやその内容のインサイトを伝えるような機能や、最近訪問していない企業を教える機能等、現在あるリマインド機能を少し発達させたようなものもあります。

　あるいは、パソコン画面上でポップアップしてくるキャラクターが「次回の訪問予定がありません。必要ありませんか？」等と示唆してくれるサービスもあります。

Magic Moment

朝会社に来ると、40件のアプローチが済んでいて、7件の返信とアポが2件入っていた

明日から売れるチームに。
トップセールスの振る舞いは実行できる。

01　見込みの高い案件に対して最適な
　　アプローチを行い受注率を向上
　　Next Best Action

02　再現的な「理想の営業」を実現し、
　　営業の質を向上　営業プレイ
　　ブック

03　顧客との重要なコミュニケー
　　ション作業を自動化

顧客事例／効果実績

アポイント獲得率　　　成約率　　　　　　メール送信の所要時間
45% 向上　　　**25**% 向上　　　**90**% 削減

　他の例を挙げると、スタートアップ企業である株式会社Magic Momentでは、セールスエンゲージメントプラットフォームとしてAIによる契約までのネクストアクションの自動提案が特徴のMagic Moment Playbookというサービスを展開しています。最適な営業術を「プレイブック」として型を作り、シーケンシャルに、行うべきネクストアクショ

ンの示唆と重要なタスクを自動的に実行します。

たとえば「速やかにこのターゲットと顧客接点を持った方が良いです」というインサイトを営業に対し提供する場合、アポイント先との打ち合わせ調整チャートが予め設定されていることで、すべての顧客ターゲットに対し、営業が一つひとつ手動で調整を行うことなく、このシステムが顧客とパーソナライズされたコミュニケーションを自動的に実行し、具備された予定調整機能によって、打ち合わせの予定セットまで完了するような機能です。

導入企業では、ベストプラクティスに沿って行うべきタスクを営業担当全員が実現できるようなこのシステムを活用し、新規顧客獲得・顧客関係の深化で組織出力最大化を実現することができるようになっています。

このように、これまで営業に対して行ってきたアドバイスや示唆をシステムに組み込むことによって自動的に営業組織能力の向上を仕掛けていくことができます。それがセールス・イネーブルメントにおけるインサイトの大きな利点です。

ただ、どの程度深いデータと紐づけるかによって、インサイトの質は大きく変わります。

リマインドやルールベースのインサイトだけでなく、将来的にAI化・ディープラーニング等が進めば「明日会う○○さんはこういうことに興味があるので、このような資料を持っていくといいよ」というレベルの示唆も自動生成できると思われます。だからこそ、今から感度を上げて導入を検討していくことが、セールス・イネーブルメントの成否を分けるのです。

o Sales.lab の試み

Sales.lab のしくみ

蓄積されたデータからネクストアクションを
自動的に示唆する仕組みを導入

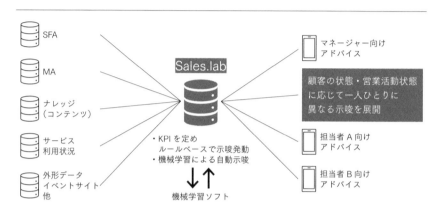

　弊社では、シンガポールのスタートアップ企業と連携して、「Sales. lab」という、それぞれの営業に対して自動的に必要なインサイトを提供するシステムの展開を行っています。具体的に紹介しましょう。

　図のように、Sales.labにはSFAやMAをはじめ、あらゆるデータを集約しています。そしてそのデータを基に、KPI等のルールを定めてその数値をモニタリングすることで、自動的に営業個々に対してアドバイスを出します。

　たとえばクライアントAを担当している営業に対して受注に向けたアドバイスを出しつつ、その営業のマネージャーに向けても、部下へのケアのアドバイスを出します。

　つまり自身が担当している顧客ごとに異なる示唆を担当者ごと、マネージャーごとに自動的に受領することができるような仕組みとなっており、まさに先ほどお伝えした、データ分析で目指す「拡張分析」と「個別分析」を追求するためのシステムとなっています。

　元々はWebサイト(PC ／モバイル)のみの提供でしたが、現在ではTeamsにも組み込み日常のチャットと同様に示唆が飛んでくるような仕組みを作り出しています。

　具体的なネクストアクションの示唆の例をいくつかご紹介します。

新たな商談作成時のアドバイス

営業担当がお客様との新たな商談をSFA上で作成した際には、関連して必要となるであろう資料やトレーニング素材を自動で営業担当にアドバイスを行います。

　顧客業界の情報のプッシュ等を行うことで、これまで営業担当が知らなかった知識を提案前にインプットするようなことも可能です。

商談が進むなかでの攻略のアドバイス

商談が進行してきて、BANTCがモニタリングできるようになってくると、たとえばBANTCのなかで思ったよりもC（競合）のスコアが伸

びずに、提案の優位性が保てない状態が続いていた場合には、自動的にその競合他社に打ち勝つためのアドバイスを発信します。

その競合に勝った事例やバトルカードの展開等を示唆することで受注確度を高めていくような営みとなります。

バトルカード：
自社の営業チームが競合相手に打ち勝ち、顧客との商談において成功を収めるための武器となる情報資産のこと。バトルカードには、自社／競合他社の会社情報や商品・サービスの概要、市場や顧客に関する情報が含まれる。営業担当者にとって、営業活動に必要な情報を得る為の情報をまとめたものといえる。

サービス利用状況からの新たな提案機会の創出

サービス利用開始後には、カスタマーサクセス・リテンション営業のフェーズに入ってきますので、サービスがどのように利用されているか、状況を確認しながらアップセル・クロスセルを実施していきます。サービス利用状況からの提案機会を、自動的に出していくことは非常に効果的です。

これ以外にも、各商談フェーズの停滞状況からフェーズを先に進ませるためのラインケアを行うようにマネージャーにアドバイスしたり、顧客のデジタル上の行動から興味のあるジャンルを示唆したりと、あらゆるセールスジャーニーのなかで示唆が必要なものは多くあります。

弊社では同時に、機械学習を活用した示唆にも進めています。もちろん、教師データがまだまだ未熟な部分はありますが、機会学習は我々が

気付かないインサイトを見つけてくれるという期待も込めて、積極的に
チャレンジしていくことは将来的なセールス・イネーブルメントの実力
値としての優位性につながるものと考えています。

Applied Learning

サービス利用状況分析

サービスの利用状況の可視化だけでなく、職人のノウハウをデジタル化し、自動的に問題点と可能性のある課題を示唆

〇〇〇〇株式会社様利用状況レポート

サービスA	利用状況	想定課題
ID:****************	利用量〇〇 閾値超回数 〇〇回 〇〇%	**************** の可能性があります。
ID:****************	利用量〇〇 閾値超回数 〇〇回 〇〇%	**************** の可能性があります。
ID:****************	利用量〇〇 閾値超回数 〇〇回 〇〇%	**************** の可能性があります。
ID:****************	利用量〇〇 閾値超回数 〇〇回 〇〇%	特に課題はありません。
ID:****************	利用量〇〇 閾値超回数 〇〇回 〇〇%	**************** の可能性があります。
ID:****************	利用量〇〇 閾値超回数 〇〇回 〇〇%	特に課題はありません。

サービスA
ID:****************

サービスA
ID:****************

　もう1つ、イメージをつかんでいただくために弊社の事例をご紹介します。

　上の図は顧客のサービス利用状況をモニタリングするシステムの一例です。といってもモニタリングそのものに特筆すべき点があるわけではなく、重要なのは右側の「想定課題」のところです。「×××の可能性があります」と、顧客の状況に関するインサイトが示されるのです。

　利用状況から顧客の状態を推測することはよくありますが、それをシステムが自動的に提示してくれる。これが属人的な暗黙知の形式知化ということであり、セールス・イネーブルメントの価値の例です。

Summary

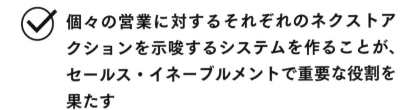 個々の営業に対するそれぞれのネクストアクションを示唆するシステムを作ることが、セールス・イネーブルメントで重要な役割を果たす

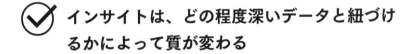 インサイトは、どの程度深いデータと紐づけるかによって質が変わる

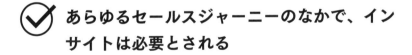 あらゆるセールスジャーニーのなかで、インサイトは必要とされる

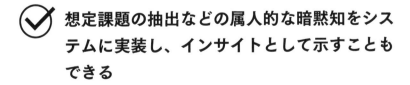 想定課題の抽出などの属人的な暗黙知をシステムに実装し、インサイトとして示すこともできる

CHAPTER 7

エッセンス＋1： カルチャー

○ セールス・イネーブルメントの市民権を獲得する

　ここまで、セールス・イネーブルメントのエッセンスとなる5つの要素を、データの蓄積から利活用まで順を追って説明してきました。

　しかし、いくら方法を知ることができても、企業・組織内でセールス・イネーブルメントへの理解が進まなければ、そもそも運用することができないでしょう。

　最後に、今までご説明してきた5つのエッセンスすべてにかかわる、セールス・イネーブルメントを進める土台、「カルチャー醸成」の方法を解説していきます。

　組織内でカルチャーを醸成する、つまりセールス・イネーブルメントが「市民権」を得るためのモデルを説明しましょう。

　次ページの図は、営業現場の状況を吸収する仕掛けと、現場がセールス・イネーブルメントの成果を実感する仕組みとの2つに分かれています。

　これまで何度もご説明してきた通り、そもそもデータがなければセールス・イネーブルメントは進みません。ですから現場の状況をデータとして蓄積していく仕組みと、データ入力に対する営業の理解は必須です。

セールス・イネーブルメントが市民権を得るために

```
                    営業を楽しむ

現場が成果を
実感する仕組み      個々が享受する便益を生み出す
（データ利活用）

現場の状況を
吸収する仕掛け    簡単な入力   入力の強制   蓄積の仕組化
（データ蓄積〜分析）
```

　その上で、入力したデータがきちんと活用されている実感を得るための便益を生み出すことも同時に必要となってきます。「データを入力してきて良かった」と現場の営業が感じ、経営側もデータを利活用し収益化できていることが実感できなければ、損でしかありません。つまり、どちらが欠けても組織内で理解を得ることはできないのです。

　その上でカルチャー醸成の最上位に、営業を楽しむ雰囲気作りがあります。昨今、営業職の人気が落ちているという情報もありますが、まずは営業という仕事を楽しむモチベーションがなければセールス・イネーブルメントは成り立ちません。

　では、カルチャー醸成のモデルを構成する5つのコンポーネントについて解説していきましょう。

○ コンポーネント1：簡単な入力

簡単な入力

- 入力が煩雑で入れるのが大変というペインをできるだけ少なくする
  （デジタル活用）
- 本当に必要な入力項目に力点を置き無駄な入力を少なくする
  （↑本当に活用しているのかを考える）
- 自動取得を考える
  （音声・位置情報・タブレット活用）

もっとも基本的で重要なことは、営業がデータを入力する負荷を減らすことです。より具体的には、

- 入力の煩雑さを減らす
- 入力項目を本当に必要なものだけに絞る
- データを自動で取得できるようにする

という3つの方法があります。

自動取得は、ここまで触れてきたように、入力を促すチャットボットを用意したり、メールとスケジューラーを連動させたりといった細かな工夫になるでしょう。

○ 入力の力点を検討する

それでは具体的に、データの取得の方法について事例を挙げながら説明していきましょう。例として、SFAをイメージした図を用意しました。

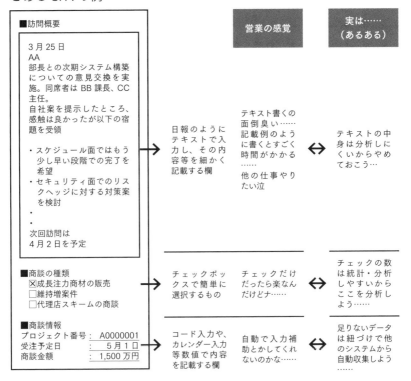

入力の力点、あっていますか？

とある SFA の例

■訪問概要

3月25日
AA
部長との次期システム構築についての意見交換を実施。同席者は BB 課長、CC 主任。
自社案を提示したところ、感触は良かったが以下の宿題を受領

・スケジュール面ではもう少し早い段階での完了を希望
・セキュリティ面でのリスクヘッジに対する対策案を検討
・
・
次回訪問は
4月2日を予定

■商談の種類
☒成長注力商材の販売
□維持増案件
□代理店スキームの商談

■商談情報
プロジェクト番号：A0000001
受注予定日　：　5月1日
商談金額　　：　1,500万円

営業の感覚

実は……
（あるある）

日報のようにテキストで入力し、その内容等を細かく記載する欄

テキスト書くの面倒臭い……記載例のように書くとすごく時間がかかる……
他の仕事やりたい泣

テキストの中身は統計・分析しにくいからやめておこう…

チェックボックスで簡単に選択するもの

チェックだけだったら楽なんだけどナ……

チェックの数は統計・分析しやすいからここを分析しよう……

コード入力や、カレンダー入力等数値で内容を記載する欄

自動で入力補助とかしてくれないのかな……

足りないデータは紐づけで他のシステムから自動収集しよう……

　SFAでデータを自動取得するシステムを開発する際、確認しておきたいのは、**営業に入力してもらうデータが、そもそも本当に必要なデータなのか**という点です。営業が、「自分が入力しているデータは有効に使われているんだろうか」と疑問を持ってしまっては、入力がおろそかになるどころか、データの量も質も落ちるためです。

　図の左側はSFA入力欄の例です。「訪問概要」の欄では、仕事の内容を文章で事細かに記す必要がありますが、営業の立場からすると、このようなテキストを書くことはかなりの作業負担になります。一方で、「商談の種類」の欄のようにチェックボックスにチェックを入れる作業はとても簡単です。

また「商談情報」の部分にはプロジェクト番号や受注予定日を記入する欄がありますが、一度の訪問ごとにいちいち入力しなければならないとなると、「手間がかかるな」と思う営業もいるでしょう。一言に「データ」といっても、==入力サイドの手間には大きな違いがある==ということです。

　では逆サイドの、分析する側の立場から見てみましょう。

　営業がせっかく時間をかけて入力したテキストですが、分析する側にとって使いやすいデータかというと、そうではありません。テキスト分析は現状のシステムでは非常に難しく、==データとして活用されない恐れ==すらあります。

　一方の、営業にとって入力の手間がもっとも少ないチェックボックスですが、チェックの数は簡単に統計分析できますから、==使いやすいデータ==でもあります。

　つまり、==入力にかかる手間とデータの価値は必ずしも比例しない==のです。上記の例だと、営業が手間をかけて入力している部分が、データとしてうまく蓄積できておらず、むしろ反比例していることがわかります。経営サイドと現場サイド、どちらにとっても不利益でしかありません。

　したがって、入力サイドと分析サイドをすり合わせて、入力の手間がかからず、しかも価値のあるデータを重点的に収集するシステムにすべきです。ここでズレが生じると、非効率的なシステムになってしまいます。

　では、上記の入力項目を、現場にとっても経営層にとっても利益につながるものとなるよう、どのように改善すれば良いでしょうか。

　改善後のイメージが次ページの図となります。

　以前はテキスト化が必要だった「訪問概要」の欄については、細分化してできるかぎり数値化できるように手を加えます。訪問日と訪問相手は、SFA内のデータを活用してカレンダーとキーマン一覧からのプルダウン式に。商談の内容については、進捗を数値評価、課題はチェックボックス式にすることで、入力の手間も大きく低減することができます。

入力項目の改善例

極論、実力から考えてこのくらいでもいいのかも

```
■訪問概要

日付　　　　　　：3月25日
キーマン　　　　：AA部長

商談の進捗評価　：1・2・3・④・5

課題：
☒スケジュール　□価格　□サービス内容
□競合との優位性
☒セキュリティ　□その他（　　　　　）

次回訪問日　　　：4月2日

■商談の種類
☒成長注力商材の販売
□維持増案件
□代理店スキームの商談

■商談情報
プロジェクト番号：　　　A0000001
受注予定日　　　：　　　　5月1日
商談金額　　　　：　　　1,500万円
```

← カレンダーから入力
← キーマン一覧から選択

← 感触をデータ（数値）化
　（逆に分析しやすくなる）

← 継続して選択肢で

← 1つ記入したら
　オートで補助

　さらに「商談情報」についてはプロジェクト番号を入力すればその他の項目はオートで入力されるよう、自動取得の補助をすると、データ入力の作業負荷は大きく減ります。

　もちろん、テキストによって定性的な記述をすべき内容もあるでしょう。

　そういったデータの分析はさらにセールス・イネーブルメントを加速する要素にはなりますが、現時点で分析で活用できるようなシーンが乏しいようであれば、**まずは選択式入力や数値化できる項目を中心に進める**べきです。入力内容の高度化と出力分析の高度化は比例して成長していく必要があると感じます。

○ コンポーネント２：入力の強制

- SFA に入っているデータがすべて
  入っていない数字は認めない
- 社内の進捗（予実管理含め）はすべてダッシュボードで行う
  実績・実態との GAP が大きいと指摘されるようなマネジメント
- 隠し球は美徳ではない

　ここまで、現場のデータ入力の負荷を減らすためにいかに工夫するか、説明してきました。しかし、いくら工夫しても記入しない営業というのも出てきます。データ入力を促すためには、「飴と鞭」の鞭ではないですが、**上からの指示やルール作りといった強制力も必要**です。

　よくあるパターンとしては、セールス・イネーブルメントのシステムの外、たとえばローカルなExcel等で独自のデータ管理が行われてしまうことが挙げられます。すると、データを集約できなくなってしまいます。

　強制力を高めるためにもっとも有効な手段は**「SFAにあるデータがすべてである」というルールを徹底すること**です。たとえばパイプラインに入力していなかった商談が突然受注に至ったとしても、評価しない。

　弊社でもこのルールを活用しており、SFAに入っていないデータは一切認めず、評価の対象にもしません。逆に、プロセスがまったく入力されておらず、いきなり受注登録された商談があった場合にはその件数の多さを組織幹部に指摘します。

　日本企業には、このような「隠し球」受注を称賛する文化がありますが、**プロセスの部分をデータ化・可視化することができなければ将来予測の確度が下がる**ため、セールス・イネーブルメントにとっては百害あって一利なしなのです。受注だけではなく、進捗の情報を共有することも業務の一環である、という意識を浸透させてください。

○ コンポーネント3：蓄積の仕組み化

蓄積の仕組み化における利点

どちらのシステムにデータが蓄積されるのか？

文句が多いが アクティブ率の高い システム	概要	評価は高いが アクティブ率の低い システム
非常にインターフェースが悪く使い勝手が悪い・面倒なシステムだが、ここに入力しないと先のプロセスに進めないため、誰もがいやいや入力する		非常に入れやすく、インターフェースもわかりやすいが特に入力しなかったとしても自分が行う営業活動に何の影響もないので、入力しない

100% 　結果 アクティブ率　 **20**%

仕組み化することで入力を営業プロセスの中に入れこむことが大事

　セールス・イネーブルメントの土台を作る、現場の状況を吸収するための最後の項目として、データ蓄積の仕組み化を考えていきたいと思います。つまり、**データ入力を営業プロセスのなかに組み込んでしまうシステムを作り、入力をせざるをえない状況を作る**ということです。

　たとえば、あるデータを入力しなければ見積等次のプロセスに進めないシステムならば、入力率は極めて高くなるでしょう。

　ここで重要なのは、**入力率と営業からの評価は相互に独立である**点です。現場の評価が高いシステムが必ずしも入力率が高いわけではなく、むしろ逆の場合さえあります。便利で手軽に入力できるシステムを作っても、入力の必要性が低ければ入力しないためです。

　一方で、多少批判があるシステムでも、仕組みに組み込んであれば入力率は非常に高くなるでしょう。

もちろん、営業の評価が悪いシステム＝良いシステム、ということでもありません。入力率と評価を分けて考えるべき、ということです。

データを取得するためのこの３つのコンポーネントは、特にどのコンポーネントに重きを置いた方が良い、というのではなく、バランスをとることが求められます。

入力を強いられるばかりでは営業のモチベーションが失われますし、かといってデータ入力の簡便化だけを進めても、一向に入力が進まないこともありえるからです。

○ コンポーネント４：個々が享受する便益を生み出す

営業目線で見たイネーブルメント施策の便益の種類

便益の種類を捉え効果的な施策展開を行っていくことで、
営業フロントの満足度を高める

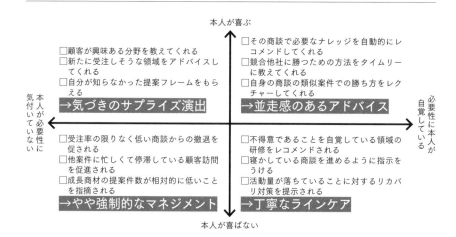

ここまで、現場がどういった状況にあるか、データを吸収する工夫や仕組みについて説明してきました。次にこのデータを、いかに現場に還元し、「役に立った」と満足してもらうか、個々が享受する便益につい

て説明していきます。

　重要なのは、セールス・イネーブルメントでの営業個人に対する示唆
は、**必ずしも本人が喜ぶとは限らない**という点です。

　前ページの四象限の図で説明すると、右上、つまり本人が喜び、かつ
自覚的な領域には、並走的なアドバイスが有効です。自分がデータを入
力したからこそ、有益な情報が得られているという、現場がセールス・
イネーブルメントの効果を感じやすい部分でもあります。左上、つまり
本人が喜び、しかし必要性をあまり自覚していない領域も同様に便益を
感じやすい部分です。データを入力していたからこその、営業に役立つ
肯定的サプライズが期待できます。

　しかし、図の下半分にある営業本人が喜ばない領域にも、営業フロン
トへの便益はあるのです。強制的マネジメントや否定的な示唆は好まれ
ないため、少し丁寧に進めていく必要があります。

　本人が自覚しているか／自覚していないかの軸への意識も大切です。
本人にとって喜ばしくなくても必要性を自覚している示唆は、マネー
ジャー等の協力を得て、自覚しながらも改善できない本人の課題感をく
み取りながら対策を行う必要があります。

　逆に、**本人にとって好ましくなく、しかも必要性の自覚がない施策**は、
強制的なマネジメントが必要です。

　ある営業が情熱を持って進めている、ある案件があったとします。し
かしモニタリングをしている各種データによると、受注する可能性は極
めて低い。そういう場合は、強制的にストップをかけなければいけませ
ん。

　勿論、「あなたが一生懸命進めている商談は、受注率が限りなく低い
から手を引きなさい」ということをいきなり指摘され、モチベーション
が下がらないケースは例外的でしょう。したがって、強制的マネジメン
トとセットで、ラインケアも欠かせないと示唆となることも認識下さい。

○ コンポーネント5：営業を楽しむ

営業を楽しむ（Fun to work）な雰囲気づくり

- 終身雇用でのスキルアップは動機付けが重要
  楽しく学ぶ・ラーニングカルチャーの醸成
  Sharing Success のときの考え方等
- イネーブルメント施策のインナープロモーションも大事
  こんなことを施策しました。
  〇〇さんがこんな受注をしましたので紹介します。等
- 失敗を受け入れる文化
- プロセスをオープンにする文化

　最後のコンポーネントは、営業を楽しむことです。

　終身雇用が主流で、給与も年功序列の傾向がみられる日本企業におけるセールスでは、**動機づけが欠かせません**。その一環として、楽しみながら学べるラーニングカルチャーが求められます。

　具体的な手法は会社によって異なると思われますが、弊社では、先にご紹介した**事例共有会**もその1つです。ちょっとしたことであっても、学ぶことへの抵抗感を低減し、楽しむ空気を醸成すべきです。

　ナレッジシェアした件数をポイント制にして競争を楽しむといった、**ゲーミフィケーション**を取り入れている会社もあります。ノウハウを展開してくれた営業パーソンに対して感謝ポイントを付与するような仕組みも有効化もしれません。いずれにしても、楽しめる仕掛けを用意してください。

　また、**セールス・イネーブルメントのインナープロモーション**も大切です。組織内に「何をやっているのかよくわからない」という印象を持たせないために、直接セールス・イネーブルメントに関係しない人に対しても、施策や活動を積極的に開示すべきです。

　弊社では社内でオンラインジャーナルを作り、セールス・イネーブルメントについてのごく基本的な情報から解説しています。

　さらには、ある会社の事例ですが、「**失敗事例共有会**」を実施してい

るところもあります。つるし上げるのではなく、それぞれの失敗を面白おかしく語り、共有します。**失敗を恐れずオープンにするカルチャー**を作るための工夫です。

○ 経営幹部を動かす

経営幹部のコミットメントとエンドースメント

・営業改革＝現場が行う改革ではない
現場だけで推進しても単なるカイゼン活動でとどまってしまう。
（＋反対勢力に押し切られる可能性が高い）

1. 経営幹部自らが推進するための旗揚げをする
（コミットメント）
事業戦略の主軸におき活字化する、社員に宣言する等
経営のメッセージとして社員に届かせることが重要
（経営戦略にセールス・イネーブルメントという言葉が入っているか）

2. 営業の改革を経営の改革と捉えて推進する
強力な後押しを作る（エンドースメント）
イネーブルメントを実際行う現場での課題を解決し、
円滑に推進していくための印籠。
日本企業では特に幹部に味方がいる／いないで推進力が変わる

　最後に、経営幹部のコミットメントとエンドースメントに触れておきます。

　コミットメントは、「自分もセールス・イネーブルメントにかかわります」というスタンスの表明。**エンドースメント**は、セールス・イネーブルメントを皆で応援しよう、という後押しです。この2つが幹部から得られることによって、**セールス・イネーブルメント**の推進は大きく変わります。

　セールス・イネーブルメントはボトムアップの施策であるとみられがちですが、その背景には営業の改革は現場の営業が行うべきだ、と思われてしまうことがあります。

しかし、そのような進め方だと、現場で反対するトップ層がいた場合、また、入力等に否定的なトップ層がいた場合に強制力を持って推進することができなくなります。だからこそ、このトップ層の理解を先だって獲得して、**社内のカルチャーやガバナンスを含めセールス・イネーブルメントを推進する体制**が必要なのです。

　具体的には、**経営幹部自らが旗揚げをする**ことがまず考えられます。経営戦略の主軸であると戦略や計画のなかに活字化して、社員に伝達する等の手段があるでしょう。
　あるいは、**エンドースメント**として後押しをする方法も考えられます。**レジェンド営業や営業のトップに初期の段階から加わってもらい、社内の合議をとりやすくしていく**。セールス・イネーブルメントに乗り気ではない勢力を押し切れるだけの体制作りということです。
　そう、セールス・イネーブルメントの実装とは、経営改革でもあるのです。組織全体が変わらなければいけません。
　経営層のコミットメントやエンドースメントがないと、次ページの図のような大きな差が生まれます。経営幹部に意欲がなければ、おのずからセールス・イネーブラー（≒セールス・イネーブルメント部隊）のモチベーションが落ちるような事態が発生していきます。
　経営層の理解が得られた場合には、セールス・イネーブルメントを進めて収益が出る、利益があるということを示していかなければなりません。会社のミッションとして認められれば、セールス・イネーブルメントも良い緊張感を持って進められる。したがって、促進力も強まっていくのです。

セールス・イネーブラーとしての緊張感を保つために

	幹部のコミットメントやエンドースメントのない場合	幹部のコミットメントやエンドースメントのある場合
データ入力	SFA 等のデータ入力に強制力が働かせられず、データ蓄積が中途半端なものに。ボトムアップでお願いしても現場の反対勢力に押し返される。	SFA 等のデータ入力に強制力を出すことができる。入力状況等を提示することで入力の少ない部署への促進等を強いパワーで臨むことができる。
データ利活用	分析用のダッシュボードやイネーブルメント施策の推進状況などが経営幹部の目に触れられず、経営戦略とは離れた単なるカイゼン施策になる可能性がある。	積極的に経営会議等に今のセールスの活動状況と打ち手を出すことができ、イネーブルメント施策に対するアドバイス等を入手することができる。
プロモーション	そもそも会社から認められた施策なのかどうかが見えてこないため、社内でプロモーションしても効果がうすい。	幹部からのコメントや社内報などを通して、イネーブルメントの重要性を社内の社員に対し積極的にプロモーションすることができる。
セールス・イネーブラー組織	結果的に自分たちが行っている施策自体の重要性が薄れてしまい、当事者として施策へのコミットメントが弱くなる。	経営戦略の1つとして位置づくことで結果的に緊張感のある施策展開が求められるため、当事者としてのコミットメントや KPI へのこだわりが強くなりセールス・イネーブラーとしての実力値があがる。

　そして本書で繰り返し書いている通り、セールス・イネーブルメントの実装のために欠かせないカルチャーは、最終的には、幹部から現場の営業までを含む、一人ひとりのモチベーションから生まれます。

　もう一度書いておきます。

　セールス・イネーブルメントを取り入れることは、会社組織そのものを改革することでもあるのです。

Summary

 セールス・イネーブルメントが市民権を得る ためには「営業現場の状況の吸収」と「現場 が価値を実感する仕組み」のどちらも欠かせ ない

 「営業を楽しむ雰囲気づくり」を醸成できれ ば、カルチャーは定着したといえる

 カルチャー醸成のモデルは簡単な入力・入力 の強制・データ蓄積の仕組化・営業個々の便 益を生み出す・営業を楽しむ5つのコンポー ネントで形成される

 トップ層の理解を先立って獲得し、社内のガ バナンスを含めて推進する体制を作ることが 大切

目指すべき営業スタイル

セールス・イネーブルメントにおける 国内有識者からの学び

☐ 株式会社ナレッジワーク
  麻野耕司氏

- -

☐ 株式会社 R-Square&Company
  山下貴宏氏

- -

☐ TORiX 株式会社
  高橋浩一氏

- -

☐ EY ストラテジー・アンド・コンサルティング株式会社
  千葉友範氏

株式会社ナレッジワーク
麻野耕司

PROFILE

ナレッジワーク CEO。2003 年、慶應義塾大学法学部卒業。同年、株式会社リンクアンドモチベーション入社。2016 年、国内初の組織改善クラウド「モチベーションクラウド」立ち上げ。国内 HRTech の牽引役として注目を集める。2018 年、同社取締役に着任。2020 年 4 月、「できる喜びが巡る日々を届ける」をミッションに、株式会社ナレッジワークを創業。2022 年 4 月、「みんなが売れる営業になる」セールスイネーブルメントクラウド「ナレッジワーク」をリリース。

著書に『NEW SALES』(ダイヤモンド社)、『THE TEAM』(幻冬舎)、『すべての組織は変えられる』(PHP 研究所)。

COMPANY OVERVIEW

「みんなが売れる営業になる」という言葉をかかげ、現場の営業に向けたセールス・イネーブルメント領域でサービスの開発・提供を続けるナレッジワーク。営業資料、動画や営業ノウハウといったナレッジを使いやすく管理し、必要なときにすぐに見つけることができる。営業向けのトレーニングプログラムを簡単に作ることも可能だ。

それだけではなく、SFAやチャットツール等のツールとの連携によりナレッジワークの利用状況のデータ分析等、日本のセールス・イネーブルメントの最先端を走っていると言っても過言ではない。サービスは、2022年の4月のリリース以降、トヨタ自動車株式会社、株式会社リクルートホールディングスはじめ大手企業を中心に導入が進んでいる。大手を主なターゲットにしている点は、ナレッジワークの特徴のひとつでもある。

ナレッジワークを導入した株式会社サイバーエージェントが社員1,000名に行ったアンケートでは、資料探しに費やす時間が半分になったという回答が目立つ。なかには、8分の1に削減できたというユーザーもいたという。同じくコンサルタントが資料作りに時間を割かれることを問題視していた株式会社グロービスも、ナレッジワークを利用することで、大幅に時間を圧縮。ナレッジワークのユーザビリティの良さが評価されている。また、利用状況のデータも役立っているという。

クラウドストレージでナレッジを管理していた株式会社マネーフォワードは、ナレッジワーク導入後1年で、ナレッジの総数が3倍以上に増大したという。ナレッジの重要性が社内で認知された結果だとみられる。

ナレッジワークCEOの麻野耕司氏は、『NEW SALES』等の著書で新時代の営業についての展望を語ってもいる。そんな麻野氏に取り組みを聞いた。

○ やるべきこと×やれること

　ナレッジワークは、セールス・イネーブルメントを「みんなが売れる営業になるための営業力強化メソッド」と定義しています。「一人ひとりの営業が生み出せる成果や能力は、時間とともに少しずつ高まるでしょう。その速度を速め、かつ確度を上げるのがセールス・イネーブルメントです」と麻野氏は言います。

欧米を中心とした企業におけるセールス・イネーブルメント

出典:「CSO Insights :The 2018 Sales Enablement Report」

欧米を中心とした企業では半数以上が組織として
セールス・イネーブルメントに取り組み始め、大きな成果を上げています

　現に、欧米企業ではおよそ6割の企業がセールス・イネーブルメントを導入しているというデータもあります。その結果、予算達成や営業契約率に目覚ましい進歩が見られます。

セールス・イネーブルメントに必要な要素

セールス・イネーブルメントには
「やるべきことの明確化」と「できることの最大化」が必要です

ナレッジワークの考えでは、

・やるべきことの明確化（MUST）
・できることの最大化（CAN）

の積が成果・能力の向上につながると考えています。すると、「ナレッジ」
「ワーク」「ラーニング」「ピープル」の４つの領域が、セールス・イネー
ブルメントを進める上で対象となる領域と定義されます。

セールス・イネーブルメントの対象領域

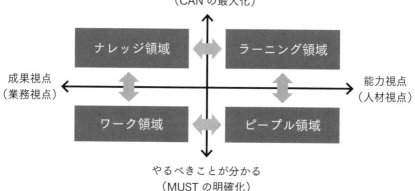

ナレッジ領域
営業資料や
営業ノウハウの展開

ラーニング領域
営業向けの
学習プログラムの展開

ワーク領域
営業プロセスの効率化・最適化

ピープル領域
営業スキル定義の可視化

「ナレッジ」「ラーニング」「ワーク」「ピープル」の
４つの領域が必要となります

　業務において成果を上げるために、営業が必要とする資料や動画を提供し知識・能力の最大化を進めるのがナレッジ領域であり、ナレッジを活かして人材の能力の最大化を図るのがラーニング領域です。これらはどちらも**CAN（できること）を最大化**します。

　ナレッジと営業プロセスをつなげるのがワークの領域であり、ピープル領域では営業のスキルを定義して計測、定量化します。すると、やるべきこと、すなわち**「MUST」が明確になります**。この4つの領域をいずれも軽視することなく、連携させながら進めていくことがセールス・イネーブルメントには求められます。

　狭義のセールス・イネーブルメントは人材育成に特化しますが、ナレッジワークの定義はさらに広く、**顧客管理を除いて「何を・どのように提案していくか」という、営業活動に関連するあらゆる要素**が含まれます。

　そして、セールス・イネーブルメントを特徴づける大量のデータの扱いについては、「**イネーブルメントを実現するための手段**」ということになります。先ほどの4領域において、すべてにデータは存在しており、データを土台としてセールス・イネーブルメントは進んでいきます。

○ 人材育成だけではないセールス・イネーブルメント

　過去に人材育成を多く手掛けてきた麻野氏は、従来の人材育成とセールス・イネーブルメントとの大きな違いは、再現性と実効性の高さにあると考えています。「人材育成の効果は限定的です。研修で学んだけれど、現場では使えない、ということも非常に多い。しかしセールス・イネーブルメントは**再現性が高く、実効性も高い**のです」。

　人事研修は、再現性は高いのですが、実効性はそこまで高くない。一方、実効性が高いOJTは、再現性が弱いという弱点がありました。

　セールス・イネーブルメントはその両者を兼ね備えている点が特徴です。それは、次ページの図のように、セールス・イネーブルメントが非常に広い領域をカバーしているからです。

　そのことは、セールス・イネーブルメントを人材育成ととらえると、

そのエッセンスを見失うリスクがあるということでもあります。セールス・イネーブルメントによってもたらされる成果は、もっと広いのです。

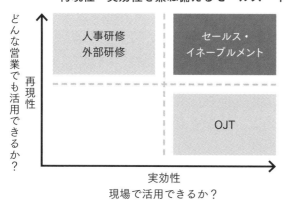

再現性・実効性を兼ね備えるセールス・イネーブルメント

人事研修	外部研修	OJT
・特定の職種に特化した内容まで対応できず、営業能力の獲得に繋がりにくい	・一般的な営業についての内容が中心となり、自社の営業現場で活用が難しい	・マネジャーごとの育成能力によりバラつきが生じやすい ・営業メンバーの育成がマネジャー任せになり、現場の負担が大きい

　麻野氏が定義するセールス・イネーブルメントの2つ目の特徴は、**現場のためのものである**ことです。「セールス・イネーブルメントは、最終的には現場で働く営業担当一人ひとりの成果や能力を高める施策です」。

　すると、対照的に経営層の理解が得にくいことが問題になるため、先述のように「再現性と実効性」の両者を兼ね備えていることを説明する必要があります。属人性が高すぎる営業に対して、現場のための視点を入れることにより再現性を高め、より効率的に成果に直結するマネジメ

ントを行う、この理解を得ることが必須です。

● ナレッジの扱いに弱い日本企業

　ナレッジワークがもっとも力を入れている分野は、文字通りナレッジの活用です。

　「マッキンゼーが2021年に公開したレポート『日本の営業生産性はなぜ低いのか』にある通り、日本の営業生産性はグローバル水準にくらべてほぼ全業種低いのが現状です。その理由を探ると、ナレッジの問題に行きつきます」と麻野氏は言います。

　マッキンゼーのレポートによると、営業の理想的なリソース分配は、**50％が顧客との商談、30〜40％が商談準備、残りが社内業務**ということになります。しかし、日本の営業は、リソースの半分以上を商談準備に費やし、顧客との商談に割けるリソースは10〜25％しかないことがわかっています。その結果、商談の効果も下がっているのです。それは商品資料を探す手間や、提案書をいちいち作り直していることによります。つまり企業内でナレッジが使いこなせていないのです。

　実際に弊社の顧客データより算出すると、すでに社内にある資料や提案書の6割ほどは使われていないことがわかりました。したがって、それらの**ナレッジを使いこなせるようになれば、日本の営業効率は飛躍的に上がるはず**……というのがナレッジワークのコンセプトです。

　ナレッジワークのサービスを導入したある大手食品メーカーも、新商品の資料の扱いに問題を抱えていたといいます。毎月、相当数の新商品が発表されますが、その資料が十分に共有されておらず、営業チームがいちいちブランドチームに問い合わせているような状態でした。

　ですが、ナレッジワークのサポートとツール活用により、そのような営業の商談準備時間を大幅に削減できました。フォルダを開かなくても中身が確認できることや、全国に散らばっていた資料を一括管理できるようになった点等により、社員1人当たりの商談準備に費やす時間を30分程度削減できているようです。

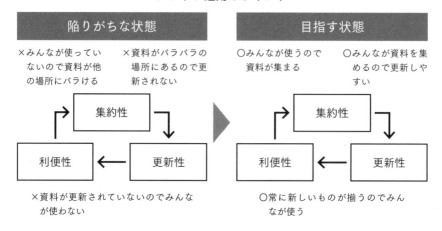

ナレッジ運用のポイント

陥りがちな状態	目指す状態

×みんなが使っていないので資料が他の場所にバラける　　×資料がバラバラの場所にあるので更新されない

○みんなが使うので資料が集まる　　○みんなが資料を集めるので更新しやすい

×資料が更新されていないのでみんなが使わない

○常に新しいものが揃うのでみんなが使う

「集約性」「更新性」を意識した運用で「利便性」を高める必要があります

○ 現場にとってのユーザビリティに目を向ける

　麻野氏によると、セールス・イネーブルメント導入に当たって注意しなければいけない点に、利用者にとっての**ユーザビリティ**が挙げられます。重要なのは「利用者」が誰を指すのかというところです。
「セールス・イネーブルメントに限らず、最終的にシステム選定をするのは決裁者である上層部です。彼らが気にするのは機能や価格ですが、実際にシステムを使う現場の人びとにとってのユーザビリティが後回しになりがちなのです」。ナレッジワークのサービスが高い継続率や更新率を誇るのは、ここまで書いてきたように、現場にとっての使いやすさが評価された結果でもあります。

　実際、ある企業では、セールス・イネーブルメントを取り入れようといくつかのサービスを導入したにもかかわらず、うまくいかなかった事例があったといいます。ユーザビリティに問題があり、現場での使用率が低いままだったためです。「うまく資料が作れないとか、資料の管理が難しいといった現場の要望は、上層部には見えにくいものです。その

意味でも、現場寄りで営業を見つめる必要はありますね」と麻野氏は話します。

　現場に寄り添う姿勢は他の面にも表れています。多くの大手企業の事例を見てきた麻野氏が感じることに、日本の企業では特に営業現場の意見が強いため、先述の4領域の「MUST」の領域の施策は現場の反発をうけやすい、ということがあります。一方で、現場にとっての恩恵が理解されやすいナレッジの領域は、比較的受け入れられやすいといいます。現場からすると、できることが増え、利便性を感じやすいためです。

　つまり、企業の特色やカルチャーによって、先ほどの4領域のどこから進めていくか、順番を考える必要があるのです。トップダウン型の会社ならば施策の自由度は高いのですが、ボトムアップ型の組織ならば、ナレッジやラーニングといった現場に受け入れられやすい施策の方が着手しやすいでしょう。

　扱う商品によっても、必要なシステムの内容は変わります。新規顧客をどんどん開拓するような会社では、顧客管理に重点を置いたシステムが求められます。一方で、新規顧客があまり増えない会社では、ナレッジへの需要が大きくなるでしょう。さらに、成長中で、新規の人員が増えている企業ならば、ラーニング領域に力を入れる必要がある、といった具合です。

○ 高度専門職としてのセールス

　今後のセールスの変化について「営業という仕事が高度で専門的な仕事である、という認識は今後広がるだろう」と麻野氏は考えています。営業を取り巻く状況が急激に変化しているなかで、3つの特徴が挙げられます。

　まず、商品が変化するスピードが上がっています。短サイクル化により新商品や新機能がどんどん追加されるため、これまで以上に個々の商品への理解が困難になっているのです。

さらに、**営業の手法**も変化しています。プロダクトのコモディティ化はソリューション営業の増加をもたらし、それが成果を出せる営業とそうではない営業との二極化につながっています。

働き方改革によるワークタイム短縮の影響もあります。そのしわ寄せは、提案準備を削減せざるをえない、という形で表れています。

そんな条件下で今までと同様の手法を使っていれば、成果を出すことは難しくなるでしょう。万人に高度な営業を可能とさせるセールス・イネーブルメントの役割はより重要になっていきます。

ナレッジワークを導入したある物流会社は、今までコスト削減に重点が置かれてきた業界での営業が、ウクライナ侵攻等世界情勢の変化により、大きく変化したことがきっかけだったといいます。スピードやセキュリティ面等も含めた提案が求められるようになったため、従来の営業方法だけでは通用しなくなったのです。

会社単位で見ても、営業の変革に対応できる会社と、そうではない会社とで、二極化が進むかもしれません。

○ トップセールスへのリスペクト

トップセールスの職人芸を非属人化し、誰でも使えるナレッジにするのがセールス・イネーブルメントです。「トップセールスにしかできないことをなくす」という意気込みで開発を続けていると麻野氏は言います。

しかしその一方で、トップセールスへのリスペクトがなければセールス・イネーブルメントは進められません。「職人芸を誰にでもできる再現性のあるスキルへと作り変えるテクノロジーを追求していますが、『なかなか追いつけないな』という気持ちも持っています」。

トップセールスのプレゼンを動画で見ていても、一見すると普通のプレゼンであり、特別にどこが優れているのか簡単にはわからない。しかしよくよく分析すると、細かいスキルがたくさん使われている。それが

トップセールスだと麻野氏は言います。**トップセールスとは、本当にちょっとしたことの積み重ね**なのです。

たとえば、トップセールスは、他の営業に比べて商談の進み具合が速いということが挙げられます。調べてみると、これはリアルな商談の巧みさだけではなく、SMS等でこまめに連絡をとっていることがわかりました。こういったスキルは、多くの営業パーソンにすぐに活用することが可能です。

究極的には、機械にはできない仕事が営業です。セールス・イネーブルメントによってスキルを非属人化することはその信念に反するようですが、むしろ逆に、属人化されすぎているスキルを万人に扱えるようにすることで、一人ひとりの営業が思う存分に能力を発揮できるはず、と麻野氏は語ります。

「私はトップセールスと同じ営業を誰でもできるように開発を続けていますが、一方で、それを見たトップセールスは、職人芸にますます磨きをかけ、さらなる高みにいく。営業の世界にセールス・イネーブルメントが浸透することで、そういうグッドサイクルが生まれるといいなと思っています」。

○ 営業を楽しんでほしい

生産性の低さが課題になる日本の営業ですが、もう1つの問題も残されています。それは、**満足度の低さ**です。他の職種と比べたときに、営業職は、楽しむことが難しい職種であるといえます。

麻野氏は、その要因は、なかなか成果を挙げづらいことやパフォーマンスを向上させづらい点にあると考えています。その意味でも、営業個々人のパフォーマンスを上げるセールス・イネーブルメントは貢献してくれるでしょう。仕事が楽しくなることを期待できるためです。

株式会社 R-Square&Company
山下貴宏

PROFILE

株式会社 R-Square&Company 代表取締役 CEO ／共同創業者。

日本ヒューレット・パッカード合同会社にて法人営業。株式会社船井総合研究所、マーサージャパン株式会社を経て人事制度設計、組織人材開発のコンサルティングに従事。その後、Salesforce,Inc. にてセールス・イネーブルメント本部長。グローバルトップの営業生産性を実現。2019年、セールスイネーブルメント特化企業 R-Square&Company を設立。

COMPANY OVERVIEW

セールス・イネーブルメントに特化したサービスを提供しているR-Square&Company。2019年の創業以来、日本初のセールス・イネーブルメント特化企業として、NTTコミュニケーションズ株式会社や株式会社SmartHR、CCCMKホールディングス株式会社、凸版印刷株式会社など、スタートアップ企業からエンタープライズまでを対象に、数々の企業のコンサルティングを担当してきた。「"人の成長を通じた"持続的な営業成果創出の仕組み」であるセールス・イネーブルメント実装のコンサルティングと、イネーブルメントに特化したクラウドサービス「Enablement App」（https://enablement.app/）の提供を2本の柱として活動している。

データドリブンに取り組むべき課題を分析し、関連部門の協力を得ながら、「トレーニング」「コーチング」「ツール＆コンテンツ」「システム」を通じて営業生産性改善、営業力強化施策を展開。さらに、育成施策と営業成果の相関をデータで管理することで、営業育成の投資対効果を可視化して、経営層にも高い評価を得ている。

R-Square&Companyでは「セールス・イネーブルメント」が、トレーニングではなく「イネーブルメント」（何かができるようになる）である点を重視。人材開発だと思われがちなセールス・イネーブルメントだが、決してそれだけではなく、今まではできていなかった営業力強化の取り組み全般であるとみなしている。

o 対象によって変わる施策の重点

　セールス・イネーブルメントの取り組みは多様であり、コンテンツやナレッジといったツール系から入る企業もあれば、営業活動のデータを活用して営業の施策に反映する場合もあります。もちろん、営業の人材育成も含まれます。

　日本におけるセールス・イネーブルメント推進の第一人者である山下氏は、**営業成果を押し上げる仕組み**全般をセールス・イネーブルメントと定義し、対象企業によって施策を使い分けています。中小・スタートアップ企業ならオンボーディング中心、エンタープライズなら営業スタイルの変革中心といった具合です。

　そのように幅広い企業を対象に活動するR-Square&Companyですが、クライアント側のつまずきは規模の大小に問わず、大きく3つのパターンに分けられるといいます。

セールス・イネーブルメントの壁

①認知の壁	②推進力の壁	③データの壁
・イネーブルメントについて知らない ・これまでの営業強化との取り組みとの違いが分からない	・推進担当者をアサインできない ・実務的なプログラムを提供できない	・営業活動のデータがない（SFA） ・育成のデータがない
社内 Small Win を早期に作る	次期営業マネジャー候補を担当にアサインする	必要データを絞る（NG：あれもこれも）

　まずは、**認知の壁**。組織の多くの人びとが、そもそもセールス・イネーブルメントを知らない、既存のトレーニングとの違いを知らない、必要性を感じられないといったつまずきです。セールス・イネーブルメント

の認知度がまだ高くない日本では、しばしばぶつかる壁でもあります。

　この課題に対するもっともシンプルな解は、早々にスモールウィン（小さな成功例）を作ることです。実際にチームを立ち上げ、今まで半年程度かかっていた受注を、３か月で獲得することができた等、小さな事例でも成果を挙げることで、セールス・イネーブルメントを認知させることができます。

　しかし認知の壁を乗り越えたとしても、推進に際して新たな壁が現れます。担当者をアサインできない、実用的なプログラムを用意できないといった「ヒト・モノ・カネ」の不足が壁になるケースです。

　なかでも難しいのがヒトのアサインです。新しい取り組みであるだけに適任者がなかなか見つからないといったことが起こりがちですが、「この人のノウハウを学びたい」と周囲が自発的についてくるような、実績のある次期マネージャーになるような人物をアサインすべきです。これはなかなか困難なことではありますが、仕組化の最初の一歩として非常に大切な点です。

　この問題は、先ほどの認知の壁とセットで乗り越える必要があります。認知が十分でないせいでヒトやカネ等のリソースを割けない、割きたくないといった面があるためです。その意味でも、認知を高めることは欠かせません。

　さらに、データの壁もあります。いざセールス・イネーブルメントに取り組もうとしても、手持ちのデータが十分ではないため、満足な施策を用意できないという問題です。はじめた当初にデータが少ないことは当然ではありますが、まずは必要なデータを絞ることで対処し、施策を一周させて効果を認知させることが大事です。データが増えるにつれ、施策の幅も広げていくと良いでしょう。

　これら３つの壁は、いずれも相互に関連しています。セールス・イネーブルメントが成果を出しはじめればヒトやカネといったリソースも増え、データも増加し、より施策の質は高まります。するとさらにリソースが増え……というように、正のスパイラルに入れます。

しかし、負のスパイラルもありえます。まずは正のスパイラルに入ることが最初の課題といえるでしょう。

そのためには、遅くとも**半年程度**で、上述のスモールウィンを実現する必要があります。そこから正のスパイラルがはじまるでしょう。成果が見えない段階で時間をかけることは難しいため、スタートからスピード感が求められます。

○ 凸版印刷の事例

総合印刷業として世界トップクラスである凸版印刷株式会社も、R-Square & Companyとともにセールス・イネーブルメントに取り組んだ1社です。凸版印刷がセールス・イネーブルメントに取り組むことになった背景の1つは、DX事業の強化でした。営業組織においては、これまでの印刷サービスに加え、新たにDXソリューションの提案が求められるようになりました。営業の提案アプローチを変えていく営業スタイルの変革がテーマです。

R-Square & Companyは、特定の事業部（金融業界を担当する組織）においてセールス・イネーブルメントの型作りに着手しました。課長と営業メンバーをペアにして、新たな案件の創出と受注までの流れを提案アプローチとして型化しました。スキルアセスメントを実施して定量的にスキルレベルを把握したり、実践レベルを上げるためのスキルトレーニングを実施し定量的に効果検証を進めました。

また、イネーブルメントの推進役として営業経験があり、事業全体を見渡せる担当者をアサインできたことで、プログラム推進にドライブがかかりました。単純な人材育成と混同されがちなセールス・イネーブルメントでは「なんとなくやって終わり」になるリスクが常に存在し、それを防ぐためには推進役となる担当者の存在感が求められます。

このように、特定部門から始め、提案アプローチを型化し、推進役担当が中心でかかわることによってイネーブルメントの取り組みが進んで行きました。

R-Square & Companyは、大手企業の他に、株式会社SmartHRなどスタートアップ企業におけるオンボーディングプログラム構築の事例があります。

山下氏は、中小企業やスタートアップ企業は人材不足による「**推進メンバーアサインの壁**」に直面することが多く、一方で大手企業はカバーすべき営業人数が多ったり様々な営業支援システムを活用している中での「**イネーブルメントの認知の壁**」に直面することが多いと言います。

イネーブルメントで取り組むテーマは違えど乗り越えるべき壁に共通項があり、壁を乗り越えるたびにイネーブルメントの取り組みは加速するように感じられます。

○ 営業の専門化が進む

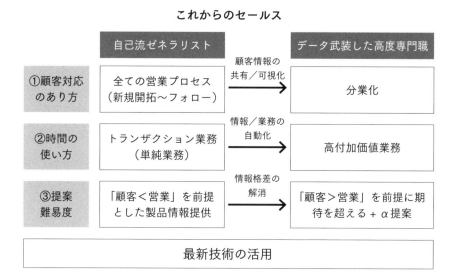

これからのセールス

山下氏は、セールス・イネーブルメントを支えるテクノロジーが営業にもたらす変化を3つに分類します。

まずは顧客対応です。自己流の方法論を身に着けたゼネラリストから、

データと専門知で武装した高度専門職による分業体制へ。そこでは顧客情報の共有が必要になります。

　具体的には、これまでは1人の営業が担ってきた開拓〜受注〜フォローに至る流れを、それぞれのスペシャリストが分業するようになると考えられます。インサイドセールスに特化して専門性の高い人物や、フィールドセールスでも特に大手小売業界に詳しい人物など、特化した専門領域を持つ営業が活躍するようになります。また、商品を売った後のカスタマーサクセスでも、アップセル・クロスセルの専門家が登場するかもしれません。

　また、**時間の使い方**もドラスティックに変化します。

　今までは、トランザクション（単純業務）における大量の業務をスピーディーにこなすことが求められましたが、そういう作業の多くはAI等が行えるようになります。すると、人間の営業しかできない、高付加価値の業務に軸足を移すことになるでしょう。案件作りやパイプライン構築も自動化されるかもしれません。そうなると、エグゼクティブとの関係構築やそこへのプレゼンテーション、受注活動にフォーカスすることになります。

　提案難易度の変化もみられます。テクノロジーはクライアントに対しても開かれているため、今までは営業が独占できていた商品や業界に関する知識を、クライアントも手に入れられるようになります。すると、クライアントの期待を超えるための閾値は上がり、難易度が高くなります。

　このように、営業の難易度は上がってきているのです。そのため、なおさら分業化や高付加化が求められる面もあるでしょう。

○ 営業改革とは何か

　セールス・イネーブルメントのゴールは、営業において成果を挙げることです。したがって、まずは完成形を明確に定義することが肝要です。先ほどの凸版印刷の例ならば「DX営業の売り上げを上げる」ということになります。それがプラン（Plan）です。

　下の図の上の段は成果を挙げるための営業活動のPDCAサイクル、下は行動と知識をつなぐPDCAサイクルです。明確なプランを基に、このような仕組みを整備するのが営業改革のアプローチです。

セールス・イネーブルメントを通じたアプローチ

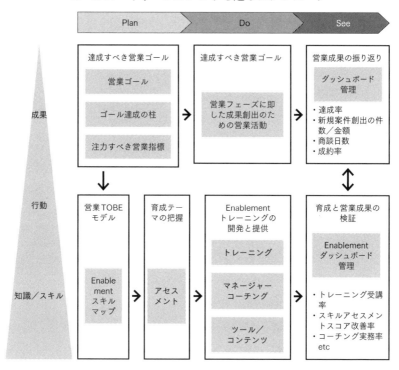

　この図のなかに部分的に相当するものは、以前からある研修（トレーニング）や便利なツール（ダッシュボード）等です。しかし、それらを個別に使うのではなく、**営業合理につながるためのサイクルを回しなが**

ら、セールス・イネーブルメントという大きな枠組みのなかに位置づけることが求められるのです。

たとえば、育成テーマを把握して、プログラムのなかでトレーニングやコーチングを行っていく際、営業成果のデータをとりながら進めていくことによって、新たな育成テーマが発見されたり、結果をデータで検証しやすくなっていくといった動きです。

とはいえ、プランの明確化のためには、下の図①にあるように、営業役員がセールス・イネーブルメントについてしっかりと理解し、納得することが欠かせません。そして、どの部門で特に進めるべきなのか、具体的に何%の売り上げ向上を狙っていくのか等、**漠然とではなく、KPIを含め明確な目標を営業役員と共有**する。そこがセールス・イネーブルメントの出発点といえるでしょう。

イネーブルメントの取り組みに向けて

①イネーブルメントの目的の整理
・事業計画／営業ゴールとの整合
・KPI の設定
・営業役員の合意

② Small Win
・営業指標の改善
・営業の動き方の改善
・社内レピュテーション

③組織体制の整備
・チームの組成
・イネーブルメントオペレーションの構築
・Enabler の採用と育成

もし①の段階が難しいなら、たとえばまず一部の営業部隊にだけセールス・イネーブルメントを実装する等**プラン明確化の狙いを絞り、②のスモールウィンにつなげる手**もあります。その後は、再び①に戻り、やや規模を広げて②へと向かいます。①と②の間は往復するのです。

スモールウィンでは、たとえば事例を使ったあるツールを投入したことで案件受注数がいっきに増えた、といった具体的成果を明確に示すことで、**社内レピュテーション（認知活動）**につなげます。

セールス・イネーブルメントがレピュテーションなしで広がることはありません。ここまで来て、ようやく③の組織体制整備のフェーズに入

れます。本格的な組織を作れるのはこの段階です。

　目的の定義とスモールウィンの積み重ねにより、セールス・イネーブルメントへの認知を高めることがまず必要なのです。組織作りやオペレーション構築はその先にあると、山下氏は考えています。

TORiX 株式会社
高橋浩一

PROFILE

　外資系戦略コンサルティング会社を経て 25 歳で起業、アルー株式会社に創業参画（取締役副社長）。

　2011 年に TORiX 株式会社を設立。2019 年『無敗営業「3 つの質問」と「4 つの力」』、2020 年『無敗営業　チーム戦略』(ともに日経 BP) を出版、シリーズ累計 7 万部突破。

　2021 年『なぜか声がかかる人の習慣』（日本経済新聞出版）、『気持ちよく人を動かす〜共感とロジックで合意を生み出すコミュニケーションの技術〜』（クロスメディア・パブリッシング）、　2022 年『質問しだいで仕事がうまくいくって本当ですか？ 無敗営業マンの「瞬間」問題解決法』(KADOKAWA) を出版。

　年間 200 回以上の講演や研修に登壇する傍ら、「無敗営業オンラインサロン」を主宰し、運営している。

COMPANY OVERVIEW

　営業組織への研修やコンサルティングを提供しているTORiXでは「営業を科学する」という考えのもと、属人的だと思われてきた営業を、科学的な手法によって強化することに取り組んでいる。

　営業活動は人の内面や心理にかかわる部分が大きく、科学的に評価することが難しいと思われがちであるが、成功や失敗を丁寧に分析することで、一定の構造を見出し、営業組織の課題を解決していくというシステムだ。

　営業が属人的になってしまうのは、日ごろから「商品が悪い」「景気が悪い」「価格が高い」等、営業における思い込みに振り回され、自社の営業活動を客観的に分析できていないからだと、TORiXは主張する。

　したがって営業の成果を上げていくためには、「顧客がなぜ、営業が提案する商品やサービスを購入するのか」という問いを構造的にとらえ、「質問力」「提案行動力」「提案ロジック構築力」「価値訴求力」の4本の柱を持って、組織全体で思い込みをなくすことが必要だ。組織全体でレベルアップすることによって、営業力を強化する支援を行っている。

　また、目指すべき価値観や行動規範を実現するために、組織全体の「共通言語」をつくりだすことが必要であるとも主張する。

　代表取締役の高橋浩一氏は、上場企業を中心に50業種・4万人以上の営業強化を支援してきた。行動変容を促す科学的アプローチに基づき、年間200本の研修、800件のコンサルティングを実施している。

○ 仮説検証のラグビーボール

　高橋氏はセールス・イネーブルメントとは「**営業の『当たり前』のレベルを上げる**」ことだと語ります。特別な営業が特別なパフォーマンスを上げられることは当然ですが、組織の全体が、一般的な「当たり前」を底上げする点にセールス・イネーブルメントの新しい点があります。

　会社の業績が伸びることと、営業人材が育つことに加え、**組織が活性化していることも**重要だと高橋氏は言います。これは端的にいえば、組織のメンバー同士が良い手法や問題点を会社全体で共有できているということです。また、部下が成果を上げるために上司がしっかりとかかわったり、部下が上司を巻き込んで相談できている状況も指します。
　たとえば、インセンティブを多く用意して営業の成績を伸ばしている会社があったとします。この手法だと、たしかに一部の成績の営業は上がっていくでしょう。しかし、営業同士がライバル関係になるため、組織全体は活性化されません。

仮説検証サイクルを回す

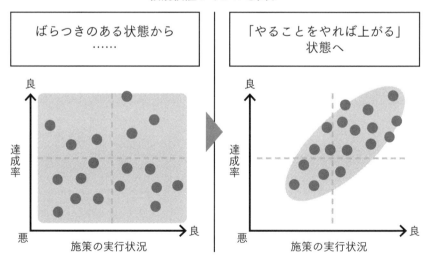

組織が活性化しない理由に、**営業成績向上のための様々な施策とその成果との間に相関がなく、バラバラになっていること**が挙げられます。前ページの図では左側に相当します。図の達成率と施策の実行状況を見てもわかるように、やることをやっていなくても達成率が高い場合もあれば、やることをやっていても達成率が低い人もいます。つまり、いろいろな施策を試みてはいるけれど、**何が効いて何が効いていないのかがよくわかっていない状態**です。

しかし、施策を整理して、「やればやるほど、営業成績も上がる」という右の図のような状態を作り出すと、チーム内に何をやるべきかについてのコンセンサスが成り立つようになります。そうすると当然、成果を上げるために、施策実行のためのノウハウやナレッジを共有する動きが生まれ、**「こうすればうまくいく」という共通言語**が生まれます。自然と組織が活性化するというわけです。

この「ラグビーボール」を作り出すことが当面の目標になります。

○ トップ営業にありがちな落とし穴

TORiXが営業1万人、顧客1万人に対して営業の実態を確かめるために実施した「2万人調査」で、4,000人近くの営業に「営業で成果を上げる勝ちパターン」について尋ねたところ、「勝ちパターンといえるものは特にない」と回答した営業の割合が、社内の目標達成下位チームでは39.6%、比較して目標達成上位チームでは9.2%と、4倍以上の差がつきました。

同様にアンケートで特徴的な回答として、「KPIやキーアクションは何ですか」と尋ねた際、「特にない」と回答した営業の割合が、目標達成下位チームでは36.2%、目標達成上位チームでは10.0%と、こちらも3倍以上の差がついています。

これはつまり、先述の共通言語がない、と言い換えることができます。その原因は、チームのトップが売り上げや顧客数といった**「結果」ばかりに目を向け、プロセスを軽視している面**にあるのです。

営業においてハイパフォーマンスを上げ続けられたからこそ、チームのトップとなれた人物は、いわゆる属人性の高い営業方法で勝ち上がってきています。

すると、自分のスキルを自覚できておらず、「なぜ他の営業は同じことができないのか」と、**現場が育たない理由を理解することが難しい**のです。高橋氏は、「『どうして皆は自分と同じようにできないんだ』というセリフが出るチームは、危うい場合が多いですね」と語ります。

先ほど紹介した「2万人調査」では、セールス・イネーブルメント施策を進めている企業の営業に対して「質問を活用してお客様との会話を相互に進めることができているか」「課題ニーズを的確にヒアリングできているか」といった質問を5段階で投げかけ、施策のビフォー・アフターで変化を計測し、効果を確かめています。

興味深いことに、効果的な施策を重ねると、「ここ最近、自分なりに工夫して提案のロジックやストーリーを作った成功体験として、たとえばどのようなものがありますか」といった質的な自由記述への回答のバラつきが、大きく減るといいます。それはつまり、**効果的な施策が組織のなかで共有されてきたこと**を意味しています。これが「**共通言語**」です。

では、このように各営業が効果的な施策を理解・共有し、成功体験を得るためには、どのようなアプローチを行えば良いのでしょうか。

○ 営業成果を挙げるための早くて確実なアプローチ

多くの組織は営業成果を挙げるために、有名企業やハイパフォーマーの真似をしたがります。しかし形だけ真似ても、内容が伴わなければ効果は限定的です。

有識者に講演を頼む企業も多いですが、単発の講演だけで行動変容まで至れるのは、ごく一部の上位層にすぎません。ほとんどの人は行動を変えずに終わるでしょう。

　スピーディーに成果を出すために確実な方法の１つは、==圧倒的なファクトを基に、営業の思い込みから脱却し「すぐに効果が出るにもかかわらず未着手だった手法」を抽出し着手すること==です。

　しかし、ファクトが軽視された結果、こういった手法を実行していない組織も多くあります。まずは、このような確実な方法を拾い上げるべきです。

　もう１つは、個々の営業が**自分の型を作る際に、ゼロから作らせない**こと。時間と手間がかかり、しかも質が担保されません。そうではなく、あらかじめ型を用意しておき、そこから出発することで、時間を短縮し、質も上げられます。

　最後に、前述の**共通言語作りに力を入れる**こと。組織の成果に直結するため、やはりこれもセールス・イネーブルメント施策の筆頭として挙げられます。

◘ 営業は思い込みに支配されている

　先ほど、スピーディーに成果を出すための方法のなかで「営業の思い込みから脱却する」ということを述べました。具体的にどういったことか、ご説明します。

　たとえば価格交渉に関して、営業は「顧客は安さで決める」とか、「『検討します』は断りを意味している」と考えることが多いでしょう。

　しかし、実際に顧客を相手にアンケート調査をすると、「安さ」よりも「費用対効果に納得感がある」ことをはるかに重視していることがわかりました。**データによって、これは営業の思い込みにすぎないことが明らかになった**のです。

　このファクトを知れば、営業の価格交渉のやり方は変わるでしょう。たとえば、顧客が「買いたい」という意図を見せていない段階での値引きは、あまり効果がないことがわかります。ですから営業組織内で、データをもってして個々の営業に納得してもらった上で、発注以前の値引き

を禁止するルールを設けることもできるでしょう。

　また、「クライアントから『検討します』と言われたら断りのサイン」という思い込みも強いと思われますが、実際の商談でこのセリフが出たとしても、顧客が断るつもりだったケースは13.7%しかないことがわかりました。ほとんどの顧客には購入の意思は残っているのです。

　したがって、このセリフを言われた営業が「もうダメなのかな」と思って本当に「待ち」の姿勢に入ってしまうことは、失注につながります。TORiXには「待つことはしない」という明確なルールがありますが、そのようなルールを作り、追加の資料を送ったり、提案内容の改善を図る等攻勢を強めれば、受注につながる可能性はあがるということです。

　このような状況では、すぐに顧客に送ることのできる資料等も必要です。テンプレートに沿ったメールを1、2本送るくらいではすぐに「ネタ切れ」になってしまいますが、イネーブルメント施策のなかで「こういう場合はこういう資料を送ると良い」という方針と資料が用意されていれば、弾を撃ち続けることができます。

　なおこういった動きは、ハイパフォーマーもすべて実践している動きでもあります。ですから、自社の「できる営業パーソン」のデータを見せながら、思い込みを脱却するように説得することもひとつの方法といえるでしょう。

○ 失注要因をデータから明らかにする

　上述の思い込みは失注要因にも関係します。
「失注の原因はスペックか価格である」という思い込みが多くの会社に見られます。しかし、同じスペックの商品を、値引きもせずに売っている営業もいます。だとすれば、原因は別のところに潜んでいると考えられます。

　先ほどの「2万人調査」における、顧客側1万人への調査によると、実に8割もの顧客が、見積をみせられる前に発注する会社を決めていることが明らかになりました。内訳は、新規と既存がちょうど半々くらい

です。

何が決め手になったのかを自由回答方式で調べたところ、「きめ細やかで早いレスポンス」「顧客への深い理解」「熱意」がもっとも目立ちました。

レスポンスについては、スピーディーで、かつ丁寧であることが評価されるようです。「疑問点にすぐ対応してくれた」「対応がとても早く時間が有効に使えた」といった回答がありました。

顧客への理解は、「こちらの状況をよく理解し、適切な提案をしてくれた」「ファンダメンタルをふくめニーズをよくわかってくれた」といった回答が並びます。

では逆に、営業に失望感を覚えた、真の失注原因ともいえるきっかけは何なのでしょうか。すると、ちょうど上述の決め手の逆ですが、「不誠実なレスポンス」「(価格が思ったより高い、予算オーバー等の)サプライズ見積」「(顧客に対する)理解不足」が失望につながりやすいことがわかりました。

しかし、営業が失注要因について「自分のレスポンスが誠実ではなかったから」と自ら明らかにすることはありません。その意味で、データによって顧客の心理の動きを明らかにすることは、従来になかった効果を発揮するのです。

○ きっかけが報酬につながる設計をする

今までお話してきたようなセールス・イネーブルメント施策をスピーディーに、かつ高い成果を上げるための方法ももちろん大事ですが、もっとも大切にするべきことは、一人ひとりの営業の「成果や成長の喜びにつなげる」ことです。今まで述べてきた方法も、個々の営業の喜びにつながる方法と言い換えることができます。

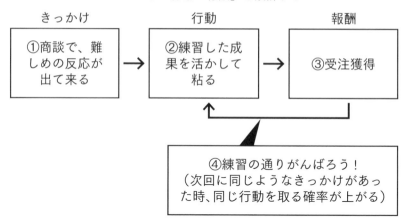

「きっかけ→行動→報酬」を設計する

きっかけ

①商談で、難しめの反応が出て来る

→

行動

②練習した成果を活かして粘る

→

報酬

③受注獲得

④練習の通りがんばろう！
（次回に同じようなきっかけがあった時、同じ行動を取る確率が上がる）

- 報酬はスピードが重要（鮮度が命）
- きっかけは学習できる（気づかないメンバーもいるので注意）
- ペナルティは効果が薄い（罰則では望む行動が促進されない）

　個々の営業が喜び、つまり「利益を得た」と感じるためにどういったモデルを設計すれば良いか。これは行動分析の考え方が役に立ちます。

　行動変容を促すためには、上の図のような**変容の必要性を痛感するきっかけ→変容のための行動→変容による報酬**、という流れを設計する必要があります。単に「トレーニングせよ」だけでは何も変わらないので、「ご褒美」に至る流れを作らなければいけないということです。
　報酬は間を置かず、スピーディーに与えられるものである必要があります。また、**ペナルティの効果が薄い**こともわかっています。
　成果を絞り込むために役に立つのが、**顧客が迷ったけれど自社を選んでくれた際の決め手**です。この決め手を顧客に尋ね、定性データ化しておくだけでも、次のアクションのヒントになりえます。

o セールス・イネーブルメントで起こりやすいつまずき

　イネーブルメント施策を行うなかで、起こりやすいつまずきについて

もお話しておきましょう。「新人への過剰な詰め込みや、成果が出ていない人が義務感のみで形式的なトレーニングを続けてしまうケース等が挙げられる」と高橋氏は言います。

そういうつまずきが発生してしまう会社では、セールス・イネーブルメントの推進者に権限や裁量、権威が足りていない場合が多いようです。

逆にうまくいっている会社では、トップが現場をよく理解することで、行動の質・量ともに優れた営業を育てることができています。

組織ぐるみでAゾーンを増やす

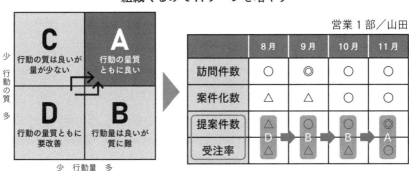

営業1部／山田

	8月	9月	10月	11月
訪問件数	○	◎	○	○
案件化数	△	△	○	○
提案件数	△	○	○	◎
受注率	△	△	○	○

たとえば、売り上げが足りない場合、「案件の数を増やせ」「案件を落とすな」という2つの施策を同時に打つトップは少なくないのですが、当然ながら、案件数を増やせば落ちる案件も増えますし、落とさないようにすれば案件数は減ります。

もちろん、両立できるハイパフォーマーがいることは事実ですが、それは例外であり、多くの営業にとっては難しい。トップがそのことを理解し、施策の数を絞るとか、内容を変えるといった修正を加えられる企業はセールス・イネーブルメントにも成功します。

セールス・イネーブルメント担当者がトップと現場の板挟みになり、施策が進まないというつまずきもよくあります。そんな場合には、まず現場を握った上で、トップに「こうすると効果的ですよ」と提案するスタイルが効果を発揮します。トップは往々にしてスーパーマンであり、

現場の感覚を理解していないことが多いためです。

　そのためには営業のうち、真似しやすい、つまり再現性の高いタイプの営業をよく分析してKPIやキーアクションを意味付けし、キーアクションの見本を作ります。

　その上で周知・権威付けを行い、きちんとワークするかどうかKPIを測定しながら改善を続けます。

○ データドリブンの手段が揃った

「今は、データを扱うための手段が揃った時代だ」と高橋氏は言います。

　無料のアンケートツールや録画ツール等、データを集める手段はたくさんあります。市場調査も簡単に、安くできるようになりました。DX化も声高に叫ばれるようになり、昔の方法に固執することは、もはやできません。

　手段が揃った以上、「楽しむこと」が大事だと高橋氏は語っています。成長と成果が結びつき、成長すること、成果を出すことは楽しいという文化が醸成され、そこにとことん集中することができれば、セールス・イネーブルメントも進んでいきます。

「『当たり前のレベルを上げる』とは、楽しさのレベルを上げることでもあるんです。顧客の予算感すらわからずにモヤモヤしているレベルから、顧客と一緒になって提案を作れるようなレベルに成長できれば、営業の楽しさも増大しますから」。営業を楽しむカルチャー作りは、セールス・イネーブルメントの根底にあるのです。

EY ストラテジー・アンド・コンサルティング株式会社
千葉友範

PROFILE

　EY ストラテジー・アンド・コンサルティング カスタマーエクスペリエンス・トランスフォーメーションパートナー。大学院在学中より産学官連携によるソフトウェアベンチャー立ち上げに参画後、総合系コンサルティングファーム、SI 企業の役員のほか、AI やブロックチェーンベンチャーの顧問などを務め現職。また、SFA クラウドベンダーへの出向経験を有し、アライアンスビジネスの立ち上げを担い、在籍期間中にベストアワード獲得に貢献。

　SI 企業では営業担当執行役員として年成長率 40％以上の成長を達成する等、20 年近いキャリアを通じ、事業戦略策定、サービスデザイン及び GTM（営業強化、顧客接点改革、組織再編）までをコンサルティングだけでなく実務として総合的に経験。

　現職では、企業の成長戦略の実行などを担うカスタマーエクスペリエンス・トランスフォーメーションチームにて、営業改革などのチームをリードしている。

COMPANY OVERVIEW

　世界150か国以上の国・地域にオフィスを構えるグローバルファームであるEYストラテジー・アンド・コンサルティング株式会社（以下、EY）。監査法人、税理士法人、コンサルティングなどの法人を擁し、日本では約3,900名（2023年4月時点）のコンサルタントが所属している。

　そのなかにあって、企業の売り上げ成長に関する戦略策定から実行支援までを支援しているのが「カスタマーエクスペリエンス・トランスフォーメーション」だ。インサイドセールスを含める営業やコンタクトセンター、カスタマーサクセスの高度化（DX化）を担う。

　ここでは販売力強化に向けて、戦略から実行、モニタリングまで一貫して行っている。特に現場に深く入り込んだハンズオン型のコンサルティング、データを活用したセールス・イネーブルメント施策の設定と、オンボーディングに力を入れている。

「セールス」という概念が、マーケティング、インサイドセールス、フィールドセールス（狭義の営業）、コンタクトセンター、カスタマーサクセスなどへと広がりを見せる今、これらのすべてにおいて顧客体験を向上させることが求められている。EYではデジタルを駆使して、よりスピード感のあるビジネス変革を提供するため、日々のデータ分析や、モニタリングの機会も増えているという。

　定量データを取得・蓄積し、実態を可視化しつつイネーブルメントチーム、担当マネジャーを交えてコミュニケーションを行い、商談の成績を向上させている。

● 接点全体を強化する

セールス・イネーブルメントの定義について千葉氏は、「セールス」が指すものの考え方が重要だと言います。EYが「セールス」と考えているのは顧客接点のすべてです。そのため、コールセンター、コンタクトセンターからフィールドセールス、インサイドセールス、カスタマーサクセスに至るまで、クライアントとの接点の全体を強化することをセールス・イネーブルメントだととらえています。

「たまたま、顧客にもっとも近い職種を営業が担っていた」というのが千葉氏のとらえ方です。つまり営業は、従来型の「営業」をする人たちのみならず、顧客との接点を持つすべての人たちが担っていくのです。「全員営業」といったところでしょうか。

そのように考えると、近年聞くようになった最高レベニュー責任者（CRO）も、事業の収益を担保、成長するために責任を持つ役割ですから、すなわち「顧客との接点を持つ人びとを束ねる役割」と定義可能です。そこには上記のようにマーケティングやインサイドセールス、そしてセールス・イネーブルメントも含まれます。

> **最高レベニュー責任者（CRO）：**
> Chief Revenue Officer の略で、全社的な売り上げ創出戦略に対する責任を担う経営幹部のことを指す。各部門による売り上げ増加の取り組みを総合的に監督し、全部門間での調整を行なう。

右の図は、CRO組織のモデルです。顧客との接点を整理するなかで、今までは個別最適化されていたCMO（マーケティング部門）やCCO（カスタマーセンター部門）も組織化に取り込んでいることがわかります。

CROの組織図は次ページのようになります。

CROという責任者のもと、顧客接点を一元化して管理することで、顧客情報が分断され、それぞれの組織が個別最適において動くことを避けられます。

CRO 組織へのシフトモデル

変更前組織

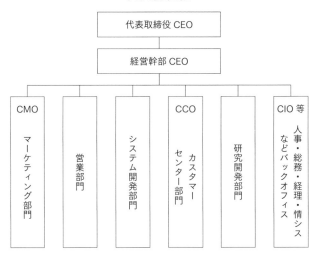

変更後組織

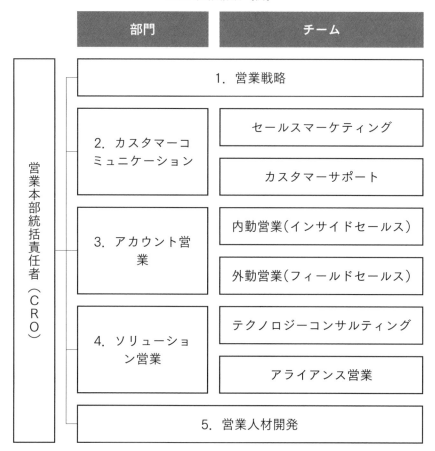

CRO 組織構成（例）

部門	チーム
1．営業戦略	
2．カスタマーコミュニケーション	セールスマーケティング
	カスタマーサポート
3．アカウント営業	内勤営業（インサイドセールス）
	外勤営業（フィールドセールス）
4．ソリューション営業	テクノロジーコンサルティング
	アライアンス営業
5．営業人材開発	

（部門・チームの左側に「営業本部統括責任者（CRO）」）

　CROの下には、営業人材開発（セールス・イネーブルメント）のチームも組み込みます。ここではエース級の営業を配置し、主に人材開発を行います。一般的に考えられるトレーニングや研修だけではなく、データを基にしたマーケティングチームへの指示や、大きな取引の前の提案資料の確認も行います。広義でのセールス・イネーブルメントは、このような取り組みを内包することになります。

○ まずは説得力のある人物を連れて来る

　ところで、上記のセールス・イネーブルメントのチームにエース営業を配置するのは、もちろんその知見に期待してでもありますが、他のチームへの「**説得力**」を期待する狙いもあります。また優れた営業は「**交渉力**」にも長けていることも挙げられます。

　「マーケティングのチームに交渉する能力も必要だし、コールセンター、カスタマーサポートのチームにも指示を出さなければいけません。だから、**一目置かれている人**でなければいけないのです。『彼が言うなら、その通りにしようかな』という雰囲気を出せる人でなければ、イネーブルメントチームのリーダーは務まりません」と千葉氏は語ります。

　ただし、こういった目立つ営業だけがいても、なかなかうまくいきません。千葉氏が「**サイレントヒーロー**」と呼ぶ、目立たなくとも着実に成果を挙げている営業の存在も重要です。衆目を集める営業が中心となって、そういった営業を支えるメンバーとのチームで機能させることが、セールス・イネーブルメントにおいて大切なのです。

　イネーブルメントチームのメンバーは「日本では、言葉を選ばずにいえば『窓際』的なポジションとされることも多いのですが、それではチームが機能しないのです」と千葉氏は言います。イネーブルメントチームが**誰よりも売り上げを上げているという自負を持って、そのノウハウを標準化し、営業に伝えていくこと**が、セールスの底上げにつながるのです。

　またイネーブルメントチームの組成には必ず、**エグゼクティブスポンサー**が必要です。この立場にあたる人も、各組織に対しての交渉力がある人物でなければなりません。

　なぜならば、イネーブルメントの範囲は、いわゆる営業にとどまらず、マーケティング施策との連携、コンタクトセンターからの情報連携、カスタマーサクセスチームとの協働による顧客ロイヤリティの向上等様々な施策が展開されるためです。

● セールス・イネーブルメントに対する「5つのペルソナ」

新たな施策・取り組みに対する反応の「5つのペルソナ」

Commit 賛同する人	施策や取り組みに対して賛同の意見をオープンに表明し、自らが強く率先して推進していくタイプ
Supportive 支持する人	自らが強く率先推進していくわけではないが、議論に対して、ポジティブに反応していくタイプ
Undecided 決めかねている人	様子見をするタイプ。情勢をみながら、Commit と Oppose のいずれを支持するのかを慎重に見極めようとしているタイプ
Unaware 知らんぷりする人	自らが強く反対意見を表明したり、行動を率先していくわけではないが、取り組みに対してまったくの無反応をとるタイプ
Oppose 反対する人	施策や取り組みに対して反対の意見をオープンに表明し、反対活動や時に妨害活動などを率先して推進していくタイプ

　千葉氏は、セールス・イネーブルメントを進めるにあたって組織のなかでぶつかる壁を、施策に対する「**5つのペルソナ**」に分類して説明しています。

　販売力強化等の施策を展開するためには、現場に取り組みの背景、目的を理解してもらいながら、成果の獲得までをしっかりと進めて行かなければなりません。しかしながら一般的に新しい施策をはじめるときには、賛同する人もいれば、反対する人まで様々にいます。この5つのタイプの人員に対して、丁寧に対応していくことが求められます。
　まず、施策に対して振り向いてくれない人（決めかねている人・知らんぷりする人・反対する人）に対しての最初の壁として挙げられます。

また、イネーブルメント施策を進めるに当たってもっとも問題になるのが、効果を感じにくい点です。「トレーニングや研修をすると、最初は『お付き合い』で参加してくれるのですが、2回目以降は閑散としてしまう場合が少なくない。効果を感じられないためです。したがって、早い段階から効果を可視化することが重要です」と千葉氏は言います。効果を感じることができなければ、研修を開いても人が来ず、積極的にデータを入力するということもなくなり、最終的には施策の継続が困難になってしまいます。

そのために、最初の段階でこの5つのペルソナに対して**丁寧なオンボーディングを行う**こと、またその**オンボーディングのKPIを定め、可視化してモニタリングできる体制を最初から整えておく必要**があるのです。

セールス・イネーブルメントで重要なポイントは、「**認知・理解**」、「**行動定着**」、「**成果継続**」の3つの壁を超えることですが、最初の「認知・理解」の壁を超えるためにこのようなアクションがとても重要なのです。

○ 施策の対象者を絞る

セールス・イネーブルメントの**対象者をはっきりさせる**ことも重要だと千葉氏は語ります。日本企業の多くは、すべての営業担当者に対して一律で施策を展開しがちですが、あまり効果はありません。

それは、**成績によって対応が変わる**からです。すでに結果を出している上位2割の成績上位層にとっては、施策はあまり喜ばれません。効果も限定的でしょう。一方で、下位2割の成績階層にとっても、そもそも会社への帰属意識が薄いため、効果は発揮しません。

つまり、**施策の対象とすべきなのは、成績中位層**なのです。人材育成等で語られる2：6：2の法則の「6」に注力することで、彼らが上の「2」に近づく手助けをするのがセールス・イネーブルメントです。

o Work Log で営業実態を可視化する

結局のところ、営業にとっては、クライアントと接触している時間がもっとも大切です。したがって、データ入力やトレーニングの時間に嫌気がさすことは自然と言わざるを得ません。この点はいくら強調しても、しすぎということはありません。

そんな壁を乗り越えるためにEYが行っている特徴的な施策のひとつが、「**Work Log**」です。

Work Logとは、営業活動上の行動ログの蓄積データのことです。

Work Logの特徴的な点は、SFA等とは異なり **「手動」** ではなく **「自動」** でデータを収集できる点にあります。たとえば商談現場の位置情報から商談相手とのコミュニケーション、使用したコンテンツ等から営業プロセス全体の定量データ化、すなわち「見える化」を可能とするのです。データ収集に際しての営業の手間も格段に減ります。

もちろん、営業が手動で入力しなければいけないデータもありますが、そのようなデータは可能な限り絞り込むことで、入力のために営業のリソースが失われることをできるだけ避けることができ、継続につなげることができます。

とはいえ、この営業活動上の行動ログがどのようにセールス・イネーブルメントに直結するのか、わかりにくい点もあるかと思います。

一言でいえば、「**イネーブルメント施策の適切なタイミングを読み取ることができる**」ということです。

多くの方が感じられているかもしれませんが、研修やトレーニングは、本人が必要だと思うときに聞いてはじめて価値が感じられるものなので、その瞬間を逃さないことが重要です。Work Logを活用してその瞬間を見抜くことができた、A社の事例を紹介しましょう。

A社では、Work Logとしてカレンダー情報、メール、チャット、商

談用タブレット及びGPSの訪問データを利用しSFAのデータ（正確には受注情報）を組み合わせて分析をしました。

　各種データを組み合わせて、成績上位の営業担当者と中間層を比べてみると、まずは顧客とのつながり具合（メール送受信や訪問件数）に圧倒的な差があることがわかりました。

　しかし、それ以上に勝率を支えているのが、社内でのコミュニケーションの幅広さと時間でした。トップクラスの営業は、製造部門やコンタクトセンター等社内の他部門とのコミュニケーションの時間が多く、その内訳はほとんどが情報収集でした。彼らは、しっかりと顧客の情報を押さえてから訪問をして商談に臨んでいたのです。

　また、商談タブレットの利用状況を見てみると、売り上げ上位のグループと下位のグループでのコンテンツの利用方法が明らかに違うこともわかってきました。上位グループは製品導入のメリットや導入事例のコンテンツを多く利用しているのに対して、下位のグループは、製品紹介や料金説明が中心で、メリットや導入事例を十分に訴求しきれていないことがわかったのです。

　このようなWorkLogの分析結果から、顧客への提案前に複数組織のナレッジや協力を仰ぐことの重要性やその相談方法、製品紹介や料金説明で終わっている担当者には、製品メリットや導入事例までをしっかりと話ができるようなスクリプトやオブジェクションハンドリングのトレーニングを推奨してあげることで、成長機会を逃さず、施策を打ち込むことが可能となりました。

○ シェアリングサクセスを組織化する

　上記のように、個々の営業にとってのセールス・イネーブルメントは労力を割かれるだけの存在ではありません。ナレッジの提供等、多くのメリットを与えてくれます。それが見えづらいのが問題なのです。

　ビッグディールにつながった提案資料や商談の進め方を共有する**シェアリングサクセス**はその代表例です。第3部でもNTT Comの事例とし

て少し触れましたが、大きな商談の受注につながったコンテンツやアセットを標準化しつつ、「こういうときには、こうすると良い」といったことを、イネーブルメントチーム全体で共有します。

　シェアリングサクセスそのものは決して新しいものではなく、従来から存在しました。しかし、個々の営業に任せるのではなく、チームで組織的に行うのがセールス・イネーブルメントです。チーム全体で共有することによって、資料のアップデートやデジタルマーケティングへの活用も考えられます。そうすれば顧客対応で使える時間も増え、個々の営業に利益を還元できるのです。

　営業は個人戦ではなく、チーム戦である。それが千葉氏の信条です。

○ セールス・イネーブルメントの３ステップ

　EYでは、セールス・イネーブルメントのアプローチの１つとして、３ステップでの分析・施策の抽出をしています。

　Step 1 は**特徴分析**です。ハイパフォーマーの定義は組織によって異なるため、まずはその組織でのハイパフォーマーを定義します。そして、ハイパフォーマーがどのような行動をしているのかを、先述のWork Logで定量的に可視化し、人物像を定義します。

　次のStep 2 は、**ハイパフォーマーの要素の定義**です。先ほどのデータも利用しつつ、１週間〜１年程度の比較的短期間の経験要素と、比較的長い時系列データとを組み合わせることで、その組織にとってのハイパフォーマーに求められる要素が再現性を持って抽出できます。そしてStep 3 は、Step 2 で抽出した要素を利用した**オンボーディング**です。

　難解なようですが、平たく書けば、有能な営業に求められる要素をデータによって定量的に抽出し、誰でも真似できるような仕組みを作る、ということになります。

○ 専門化・分業化が避けられない時代だからこそ

先ほど触れたように、「セールス」という概念は「顧客接点」につながるすべてに共通するファンクションになってきている一方、商品点数も増え、サイクルは短くなり、取り扱う情報も増えているなか、営業の専門化と、それに伴う分業化が避けがたいのは事実です。

しかし、それは売る側の話です。買う側からするとどうだろう、と千葉氏は問いかけます。

クライアントが商品ないし会社を知ってから購入するまでの一連の流れを、カスタマージャーニーと呼びます。

専門化・分業化が進んだ会社の商品のカスタマージャーニーをたどると、クライアントの側は、ブランディング担当→セールスマーケティング担当→インサイドセールス担当→いわゆるアカウント営業と、4人もの担当者を経験することになります。それは、果たしてクライアントからすると、幸福なことなのでしょうか。

営業が個別最適化しても、クライアントにとってメリットはありません。クライアントは営業とではなく、会社と契約をするためです。たとえば、すでにリアル営業と相談していたことがカスタマーサポートに伝わっていなければ、クライアントは再度説明しなければならない、ということもありえます。不満が溜まる一方でしょう。

しかし、営業の変化に適応し、プロジェクトの規模を拡大するために、専門化と分業化が避けられないことは変わりません。ならば、担当者が変わっても、**同じことを同じ温度感で伝えられるシステム**が必要です。セールス・イネーブルメントは、**クライアントにその安心感を提供するシステム**でもあるのです。

千葉氏は、医療の世界には、営業が目指すべき1つのモデルがあると言います。医療の世界では、専門化と分業化が進んでいることでは営業以上ですが、自分の体のどこが悪いのかわからない悩める患者がまず向

かうべき場所として「総合内科」が準備されています。患者はそこから、脳神経や循環器等専門的な治療を行う個別の専門医へとつなぎます。

　それだけではなく、手術などの治療を行うときには、執刀医以外にも麻酔の専門医や薬剤師、リハビリ専門家等、多くのプロフェッショナルが共同して作業を行います。そして、クライアントたる患者に丁寧に説明し、同意を得た状態で治療します。そこには有能なオーガナイザーもいるでしょう。

　営業もそうあるべきだ、と千葉氏は言います。先述の最高レベニュー責任者（CRO）は、まさにこの場合のオーガナイザーに相当します。人材育成やインサイドセールス等はいずれも重要ですが、それらはたとえるならば、麻酔専門医やリハビリ専門医といった個別分野の専門家です。全体を統括するオーガナイザーが必要なのです。

○ 求められる姿・ありたい姿・今の姿

　営業にデータを利用することのハードルは下がっています。データを集めたり分析したりするツールは、安価なものも含め、多く出そろっているからです。すぐにでもはじめるべし、というのが千葉氏の考えです。

　問題は、施策の内容をどう決めるかですが、それは「求められる姿」「ありたい姿」「今の姿」の３点の差分から算出されます。この計算式を解き、施策の内容と優先順位を整理するのがセールス・イネーブルメントチームの役割です。

日本のセールス文化はどう変わる？　という妄想

　第4部の中で有識者の皆様にも質問させて頂きましたが、私自身も「徳田さん、日本のセールス文化はどう変わっていくと思いますか？」とよく聞かれます。

　私自身は以下の3点を考えています。

① 雇用／人事制度が変わり、営業が専門職化

　まず大きな問題として雇用形態の変化が挙げられます。

　本書では日本の終身雇用制度を、イネーブルメントを進めるための留意すべきポイントとしてお話をさせて頂きましたが、この雇用形態が少しずつ変わってきています。ジョブ型雇用が増加しつつあり、行く末はフリーランス化、専門職化していくことが想定されます。

　これまでの日本企業は終身雇用を前提としていたため、営業属人の持っているノウハウが企業外に流出する可能性はさほどありませんでしたが、フリーランス化して、人材の流出が多くなると、（辞められてしまう前に）そのノウハウを蓄積するためのシステム構築が必要となります。

② 最新テクノロジーをを活用した Virtual Sales により、すべての折衝ログが蓄積・利活用可能に

　仮想空間の活用等により、顧客の声・感情や営業のバイオリズム等までデータとして蓄積・利活用できる状態になるでしょう。本書でご説明してきたデータ蓄積がより高度化されるということです。AIを活用するための教師データも膨大になるでしょう。

　時代への対応を行っていくためにも、今の時点でデータ蓄積の仕組みを作り、利活用に至るまでの準備を進めていかなければ、将来的にデー

タドリブンなセールスの領域において他の企業に大きな後れを取ってしまう可能性すらあると考えます。

③ 顧客とのコラボレーションの加速

　顧客へのモノ売りの時代からコト売りの時代へ、そして顧客とのコラボレーションの時代への進化が起こっていくものと考えています。

　両社の持つコア・コンピタンス（競合他社を超える能力）を掛け合わせて新たな価値創造を行うような時代へ。そうなってくると営業のかかわり方は、よりビジネスプロデュースに近い領域にも入り込んでいくものと想定されます。よりクリエイティブな共創の領域は人間に、従来のセールスはデジタル／AI中心になっていくかもしれません。

　従来のセールスをより引き締まった形で運営していくためには、現存のナレッジを効果的にデジタル活用することは必須ですし、クリエイティブなスキルの蓄積方法も改めて考えていかないといけません。

「働き方改革」という言葉が生まれてから久しいですが、これまでの働き方改革は「企業」が主導の改革で、社員に対しどういうふうにしたら気持ちよく働いてもらえるかがベースとなっていました。

　しかし、デジタルヒューマンやAI、メタバース等のテクノロジーの台頭も後押しをして、これからの働き方改革は「個人」が主導の改革になるでしょう。個人が自身のキャリアを考えて雇用条件を決め、企業も決める。労働裁量性をベースに、営業スタイルも個人が決めていく。専門職化された営業は単純なモノ売りを行わない。こうした時代に、企業としてのナレッジをどう蓄積していくべきで、どう活用していくべきなのか、企業は新たな岐路に立たされるのではないでしょうか。

　そう考えたとき、私のなかではセールス・イネーブルメントの準備はやはり今必要な取り組みだと結論付けます。是非「今から」イネーブルメントの推進に興味を持って頂き、注力して頂ければと思っています。

■ 謝辞

　最後に本書の制作に関して支えて下さった方々への感謝を申し上げたいと思います。

　本書では、セールス・イネーブルメントという文脈において多くの有識者の方々にインタビューを通してご協力を頂きました。「セールス・イネーブルメントはどうあるべきか」をこれまでも様々な場面で議論をさせて頂き、私の考えの礎を作ってくださいました皆様に御礼を申し上げたいです。

　山下貴宏さんは、本書でもお伝えしましたが、私がセールス・イネーブルメントに触れる機会を下さった方です。国内の第一人者として先陣を切って頂いているからこそ、日本のセールス・イネーブルメントが定着してきているのだと思います。

　千葉友範さんのご活動には、営業活動のデータ化とマネジメントについての示唆が非常に多くあり、私も勉強をさせて頂いております。セールスにおける分析の必要性、何を分析すべきかなどの視点は非常に参考になるのでは感じます。

　高橋浩一さんは国内を代表する営業改革の有識者ですし、高橋さんの考えるスキルエッセンスは2万人のアンケートという裏付けがあるからこそ説得力があります。セミナーのフォロワーも多いですし、私もファンの1人です。

　麻野耕司さんは、「NEW SALES」という名の下、多くの企業とともにコミュニティを創設し、国内のセールス・イネーブルメント向上に尽力されている先駆者です。新時代の営業に必要なナレッジの蓄積・活用方法について勉強させて頂くところが非常に多いです。

　皆様に支えられて、自身のセールス・イネーブルメントへの姿勢があるのだと思いますし、これからも国内のセールス・イネーブルメントの発展に一緒に取り組んでいきたいと切に願っています。

　また、本書のなかでもサービスのご紹介をさせて頂きましたMagic

Momentの村尾祐弥さん、バベルの杉山大幹さんにも感謝を申し上げます。国内セールス・イネーブルメントの発展にいち早くソリューションを展開し、企業の効果的な営業活動へ貢献されている機動力が素晴らしいですし、是非とも今後もいろいろな形で連携させて頂ければと思います。

　私自身の上司でもあり、今や国内の様々な共創ビジネスを牽引するOPEN HUB for Smart World代表の戸松正剛、そしてイネーブルメントに賛同し、ともに戦ってくれている社内のメンバーにも感謝です。自分の周囲に恵まれた環境があるからこそ、読者の皆様にお話できる体験が生まれているのだと思っています。

「はじめに」の冒頭にも申し上げましたが、自身が進めているセールス・イネーブルメントはまだまだ成長過程にあります。そして、国内全体のセールス・イネーブルメントもこれからまだまだ発展の余地があります。

　1社でも1名でも、より多くの方々にセールス・イネーブルメントに興味を持って頂き、多くの企業とともに「しくじり」を一緒になって蓄積して、さらなる成長を進めていくことができれば幸いです。

2023年4月

徳田泰幸

データを活用してチームの業績を底上げする

セールス・イネーブルメントの教科書

2023 年 5 月 20 日　第 1 刷発行

著者　徳田泰幸

装丁・本文デザイン　別府　拓（Q.design）

図版　川口智之（シンカ製作所）

発行人　永田和泉

発行所　株式会社イースト・プレス

〒 101-0051　東京都千代田区神田神保町 2-4-7　久月神田ビル
Tel. 03-5213-4700
Fax. 03-5213-4701
https://www.eastpress.co.jp

印刷所　中央精版印刷株式会社

ISBN 978-4-7816-2204-0
©Yasuyuki Tokuda, 2023

Printed in Japan